Franz Pfeiffer

Der Dichter des Nibelungenliedes

Franz Pfeiffer

Der Dichter des Nibelungenliedes

ISBN/EAN: 9783743492936

Hergestellt in Europa, USA, Kanada, Australien, Japan

Cover: Foto ©Thomas Meinert / pixelio.de

Weitere Bücher finden Sie auf **www.hansebooks.com**

DER

DICHTER DES NIBELUNGENLIEDES.

EIN VORTRAG

GEHALTEN IN DER FEIERLICHEN SITZUNG DER KAISERLICHEN AKADEMIE DER
WISSENSCHAFTEN

AM XXX. MAI MDCCCLXII

VON

FRANZ PFEIFFER,

WIRKLICHEM MITGLIEDE DER KAISERLICHEN AKADEMIE DER WISSENSCHAFTEN.

WIEN.

AUS DER KAIS. KÖN. HOF- UND STAATSDRUCKEREI

1862.

Gleich den homerischen Gesängen ist bekanntlich auch das deutsche Nationalepos, ist unser Nibelungenlied, der Gegenstand widerstreitender Meinungen, der Erisapfel geworden, um den unsere Gelehrten sich mühen und streiten. Sie thun es mit all' dem Eifer und der Energie, die den Deutschen in derlei Dingen auszeichnen. Ob wir diese Heldenlieder als Erzeugnisse des dichterischen Geistes ganzer Völker, oder aber als einheitliche poetische Thaten bestimmter Personen zu betrachten haben, das sind hier wie dort die Angelpunkte, um die der Streit sich dreht. Wie lange er auch schon gedauert, immer noch schwankt der mit allen Waffen der Gelehrsamkeit und des Scharfsinns geführte Kampf unentschieden hin und her, noch stehen sich die Vertheidiger beider Ansichten schroff gegenüber und noch ist der Zeitpunkt nicht abzusehen, der die feindlichen Partheien friedlich einigen und versöhnen wird.

Um derlei literarische Controversen pflegt sich in der Regel die ausserhalb des Gelehrtenthums stehende gebildete Welt wenig zu kümmern; häufiger geschieht, dass sie sich von der Erörterung solcher Streitfragen widerwillig abwendet. Nach meiner Ansicht würde man Unrecht thun, sie darob ernstlich zu tadeln; eher darf man es als ein Glück betrachten, dass es noch Menschen gibt, die sich, unbeirrt durch kritische Zweifel und Bedenken, dem reinen Genusse der Poesie harmlos und unbefangen hinzugeben im Stande sind. Ob die homerischen Gesänge aus ursprüng-

1 *

lich einzelnen Rhapsodien oder das Nibelungenlied aus einzelnen
Volksliedern erst nach und nach zu Epopöien zusammengeschmolzen, oder ob sie als Ganzes von ganzen Dichtern sind
verfasst worden, ist für den Freund der Dichtung eine Frage
von untergeordneter Bedeutung. Genug dass sie da sind und
durch die frische belebende Kraft, die jeder echten wahren
Poesie inne wohnt, der Gegenwart ein ebenso unversieglicher
Quickborn, ein Jungbrunnen sind, als sie es einer langen Vergangenheit waren und den kommenden Geschlechtern sein
werden.

Durch solche Betrachtungen kann jedoch die Wissenschaft
das ihr zustehende Recht sich nicht verkümmern lassen: ich meine
das Recht der Forschung. Nach Grund und Ursprung, nach Wesen
und Entstehung und Zusammenhang der Dinge unablässig zu
forschen und zu fragen, ist tief in der menschlichen Natur begründet. Diesem immer wachen Triebe nach Erforschung und
Erkenntniss der Wahrheit, den Gott in uns gelegt, verdanken
wir jeden Fortschritt, jede Veredelung und Verbesserung im
Leben des einzelnen Individuums, wie der Menschheit. Wie kleinlich auch manche gelehrte Erörterung und Untersuchung scheinen
mag, in der Wissenschaft gilt nichts klein oder gering: ist doch
selbst das scheinbar unbedeutende ein Glied in der ungeheuern
Kette, die das All umschlingt, und nur aus der genauen Erkenntniss des Kleinen kann die Erkenntniss des grossen Ganzen hervorgehen. Selbst wenn solche Forschungen zu nichts sonst gut
wären, so sind sie unentbehrlich und unschätzbar als Übung
und Schärfung des Geistes.

Diese kurzen Bemerkungen hier vorauszuschicken, schien mir
um so angemessener, als sich mein heutiger Vortrag mit einem
Gegenstande beschäftigt, der, schon vielfach behandelt, Manchen
als belanglos und unwichtig, Andern als überflüssig und zu
keinem Ergebnisse führend, vorkommen wird. Ich bin hierüber,

wie gesagt, anderer Meinung. Unsere gesammte Literatur alter und neuer Zeit besitzt keine Dichtung von so ergreifender Gewalt, keine, der so sehr der Stempel deutsches Geistes und Wesens aufgedrückt ist und die daher in höherem Grade der allgemeinen Hochhaltung und Theilnahme des Volkes würdig wäre, als das Nibelungenlied. Diese Ansicht scheint sich mehr und mehr und in erfreulichster Weise Bahn zu brechen. Ohne die Handlungsweise jenes schwäbischen Mädchens gerade zu billigen, das ihren Bräutigam nur desshalb aufgab, weil sie die unangenehme, sie tief demüthigende Entdeckung gemacht hatte, dass er das Nibelungenlied nicht gelesen, darf sie doch ein charakteristisches Zeichen von der immer weiter greifenden Liebe zu unserem Liede und der Ansicht gelten, dass dasselbe keinem Gebildeten unbekannt sein sollte. Einem Denkmale solcher Art Fleiss und Nachdenken zu widmen, es dem Verständnisse der Gegenwart möglichst nahe zu rücken und zu erschliessen, kann daher, auch in den Augen der gebildeten Welt, kaum anders als eine würdige und lohnende Aufgabe für die Wissenschaft erscheinen.

Wie viel nun auch in dieser Richtung durch Ausgaben, durch Erklärungen, Wörterbücher und Übersetzungen geschehen ist, den geheimnissvollen Schleier zu lüften, der über Ursprung und Entstehung des Liedes ruht, ist noch keinem gelungen, so viele Versuche auch schon gemacht wurden, von dem so natürlichen Wunsche geleitet, zu wissen, wem wir die herrliche Gabe zu danken haben. Für die Anhänger der Liedertheorie besteht diese Frage eigentlich nicht mehr; denn die Verfasser der einzelnen Lieder ausfindig zu machen ist eben so unmöglich, als der Name dessen, der die angeblichen Volkslieder gesammelt, geordnet und zu einem Ganzen vereinigt hat, im Grunde gleichgültig ist. Daher hat auch, seit Lachmann diese Entstehungsart des Liedes behauptet und für Viele in überzeugender Weise begründet und sicher gestellt, unter seinen

Anhängern die Weiterforschung fast völlig geruht, und kaum der Rede werth ist, was seitdem von dieser Seite für das Lied, seine Erklärung und Verbreitung geleistet wurde.

In ganz anderer Lage befinden sich die Gegner dieser Ansicht. Durch Holtzmann's siegreiche Bekämpfung der Liedertheorie und durch sein mannhaftes Eintreten für die Einheit des Gedichtes von den Fesseln befreit, die sie so lange hemmten und beengten, gerieth hier die Forschung in neuen Fluss, wichtige Fragen kamen zur Erörterung, neue Gesichtspunkte thaten sich auf und über manches vordem Dunkle ward mit einem Male helles Licht verbreitet. Auch nach dem Namen des Dichters zu fragen ist den Vertheidigern der Einheit des Nibelungenliedes unverwehrt. Von diesem Rechte der freien ungehemmten Forschung ist denn auch öfter Gebrauch gemacht worden. Der Reihe nach hat man auf Heinrich von Ofterdingen, Walther von der Vogelweide, Wolfram von Eschenbach, Rudolf von Ems u. A. gerathen. Es waren aber diese Hypothesen in der That mehr nur ein Rathen, ein willkürliches Hin- und Hertasten ohne alle wissenschaftliche Begründung, und darum mit Recht kaum ausgesprochen auch schon verworfen und vergessen. Auf scheinbar besserer, aber nichts weniger als sicherer Grundlage beruht die von Holtzmann aufgestellte Ansicht. Fussend auf die Aussage der Klage, dass der Bischof Pilgerin von Passau auf Grund von Volksliedern und Sagen und aus dem Munde von Spielleuten die Schicksale der burgundischen Helden zu Ende des 10. Jahrhunderts durch seinen Schreiber, Meister Konrad, habe aufschreiben lassen, hat er den Beweis zu führen gesucht, dass eben dieser Konrad der Dichter des ursprünglichen Werkes sei, das uns nun in einer Umarbeitung und Erweiterung des 12. Jahrhunderts vorliege. Diese Behauptung steht aber im Widerspruche mit den ausdrücklichen Worten der Klage, die gezwungene Deutung, die Holtzmann diesen Worten gegeben, hat Niemand befriedigt und für seinen Meister Konrad hat er uns geringen Glauben zu erwecken vermocht.

Wenn ich nun die Frage nach dem Verfasser des Nibelungenliedes hier abermals aufnehme und einer Entscheidung entgegen zu führen den Versuch mache, so ermuthigt mich hierbei das Bewusstsein, dass ich von sichern bestimmten Grundlagen ausgehe und nirgend zu gewagten oder künstlichen Beweisführungen Zuflucht zu nehmen brauche. Ob es mir gelingen wird, die Sache auch für Andere so überzeugend zu machen, wie sie es für mich ist, steht freilich dahin.

Den Ausgangspunkt nicht allein, sondern den Mittel- und Angelpunkt meiner Untersuchung bildet die metrische Form, die im Nibelungenliede waltet. Welche wichtige Rolle in literar.-historischen Fragen die Metrik spielt, bedarf keiner Auseinandersetzung. Es ist dies ein Weg, den Andere in derselben Frage schon vor mir theils angedeutet, theils wirklich betreten haben; aber Alle sind auf halbem Wege stehen geblieben, Keiner bis zum eigentlichen Ziele vorgedrungen [1]. Alle die, sei es gelegentlich, sei es in besonderen Schriften über die Nibelungenstrophe geschrieben, haben eines der wichtigsten Momente, auf dessen Hervorhebung und Sicherstellung es vor Allem ankommt, übersehen.

Ich meine die Frage: war die Nibelungenstrophe eine unmittelbar aus dem schöpferischen Geiste des Volkes hervorgegangene, althergebrachte, zu gewisser Zeit allgemein übliche poetische Form für das Volksepos oder doch einzelne Theile desselben, oder aber: ist sie das Werk bewusster vorgeschrittener Kunst? Ist sie letzteres, ist sie das Kunstwerk eines Einzelnen, wer war der Urheber oder Erfinder? Gelingt es uns diese beiden Fragen mit Sicherheit zu beantworten, so sind wir dem Ziele unserer Untersuchung um ein Beträchtliches näher gerückt.

Die vergleichende Literaturgeschichte lehrt uns, dass die Völker des Alterthums in frühester Zeit nur eine Art der Poesie

kannten, die epische, und dass diese umstrophisch war. Erst als
aus der Epik die Lyrik sich entwickelte und als selbständige
Gattung auftrat, begann sich strophische Gliederung zu zeigen.
Zwar in der ältesten Poesie des skandinavischen Nordens, in den
Eddaliedern, herrscht vielfach strophischer Bau. Doch ist er
keineswegs regelmässig, und gleich der dem lateinischen Kirchengesang nachgeahmten Otfriedischen Strophe mehr nur dem Auge
als dem Ohre bemerkbar; überdies gehört die Aufzeichnung der
Lieder erst einer späteren Zeit an, die für die treue Überlieferung
der ursprünglichen Form keine Gewähr bietet. Wie dem übrigens
sei, die älteste d e u t s c h e Poesie kennt den Strophenbau so wenig
als die angelsächsische. Wie bei den Griechen und Römern der
Hexameter, so bildet bei den germanischen Volksstämmen die
Langzeile den epischen Vers. Der Ursprung beider reicht in das
früheste Alterthum zurück, ihre Urheber kennt niemand, sie
sind Gemeingut und daher überall im Gebrauch. Als im 9. Jahrhundert Otfried ebenfalls aus dem lateinischen Kirchengesang den
Endreim entlehnte und an die Stelle der Alliteration in die
deutsche Poesie einführte, blieb gleichwohl Mass und Charakter
der alten epischen Langzeile unverändert. Wie die zwei Vers-
hälften, aus denen sie besteht, bisher durch die Alliteration,
durch den Anreim, so wurden sie nun durch den Endreim
zusammengehalten und zu einer metrischen Einheit verbunden.
Die sogenannten kurzen Reimpaare von je vier Füssen oder
Hebungen, die von Otfried an die deutsche Poesie während des
Mittelalters und eines Theils der neuern Zeit bis auf Opitz, wenn
auch nicht ausschliesslich, so doch vorwiegend beherrschten,
sind nichts anderes als die achtmal gehobene alte Langzeile.
Diese allein ist es, die auf den Namen des wahren, alterthümlichen, volksmässigen deutschen Verses Anspruch machen darf.

Von einer strophischen Gliederung der Verse dagegen,
d. h. von einer künstlichen Verbindung mehrerer Verse zu einem

einheitlichen, in sich abgeschlossenen Ganzen, weiss die deutsche Poesie vor dem 12. Jahrhundert nichts. Erst im Beginn dieses Jahrhunderts, und zwar in Begleitung der Lyrik, sehen wir die strophische Form auftauchen. Lyrik und Strophe stehen im innigsten Zusammenhang, das Eine bedingt das Andere. Volksmässige lyrische Poesie hat es wohl schon vor dieser Zeit gegeben, wenn auch die Denkmäler selbst uns verloren sind. Als solche dürfen wir die Liebes- und Brautlieder, die Tanz- und Gesellschaftslieder, auch die Leiche betrachten, von denen die Zeugnisse aus althochdeutscher Zeit uns berichten. Aber all' diese Gesänge waren gewiss mehr episch als lyrisch, d. h. sie werden mehr nur in die Lyrik überklingende kurze Erzählungen als eigentliche Lieder im späterem Sinne gewesen sein. Über die metrische Form dieser Gesänge wissen wir lediglich nichts; aber das Hildebrands- und Ludwigslied lassen vermuthen, dass sie wie diese in der üblichen Langzeile gedichtet waren. Im Gegensatz zum Epos, das in seiner Reinheit und Ursprünglichkeit nicht das Werk eines Einzelnen, sondern nur der Ausfluss der Gesammtheit, die dichterische Verklärung der historischen Erinnerungen und religiösen Vorstellungen eines ganzen Volkes sein kann, ist das lyrische Lied das Product eines Einzelnen, der poetische Ausdruck der wechselnden Gefühle, Stimmungen und Gedanken einer bestimmten Individualität. Daher kann die Lyrik als Gattung erst dann sich entwickeln, wenn aus dem Gemeinsamen das Einzelne sich losringt und die Person, das Subject, zur Geltung gelangt. Das geschah in Deutschland nach dem Beginn, zum Theil als Folge der Kreuzzüge, als an die Stelle der alten Gemeinsamkeit der Bildung und des Lebens Unterschiede und Trennungen traten, als die alten Stände sich lösten und das Individuum in sein Recht eingesetzt wurde. Mit dem Inhalt der Poesie änderte sich alsbald auch die Form. Neben den bisher allein gültigen alten epischen Vers drängte sich die Strophe, die ebenso den Stempel der Individualität an sich trägt, wie jener den der alten Volksgemeinsamkeit.

Dieselben Entwicklungsstufen finden wir in der Geschichte der griechischen Poesie. Noch die homerischen Hymnen, obwohl sie lyrisch-epischen Charakter tragen, waren, wie ohne Zweifel auch in Deutschland alles Lyrikartige vor dem 12. Jahrhundert, im alten epischen Versmasse gedichtet. Aber gleich mit dem Erwachen der lyrischen Poesie zur Selbständigkeit tritt auch die strophische Form auf und knüpft sich, gerade wie in Deutschland, sogleich an einzelne, bestimmte, historisch nachweisbare Individualitäten. Hier wie dort ist der Strophenbau in den ersten Anfängen noch einfach, naiv, schmucklos; aber je weitere Kreise die Lyrik beschreibt, zu um so höherer Kunst, Fülle und Manigfaltigkeit entfaltet sich die strophische Form.

Weiter jedoch erstreckt sich die Analogie zwischen griechischer und deutscher Lyrik nicht. Während nämlich dort die Strophenform, gleichviel ob mit dem Namen ihres Erfinders versehen oder nicht, Gemeingut des ganzen Volkes wurde, das jeder sich aneignen durfte, ja für gewisse Gattungen der lyrischen Poesie aneignen musste, herrschte in Deutschland ein ganz anderes, geradezu umgekehrtes Gesetz. Hier war der Erfinder zugleich auch der Eigenthümer. Wer immer einen neuen Ton, eine neue Weise erfand, blieb im ausschliesslichen, unantastbaren Besitz dieser seiner Erfindung, die von Anderen zwar nachgeahmt, d. h. umgestaltet oder erweitert, nicht aber unverändert zu eigenen Dichtungen verwendet werden durfte. Eine Übertretung dieses Gebotes der Sitte und des Herkommens wäre wie ein Diebstahl betrachtet worden (das Mittelalter hatte dafür den Ausdruck Tönedieb), und so streng und unverbrüchlich wurde dies Gebot beobachtet, dass unter der ungeheueren Masse lyrischer Gedichte vom 12. bis gegen Ende des 13. Jahrhunderts die widerrechtliche Aneignung eines fremden, nicht selbst erfundenen Tones ohne Beispiel ist [a]. Was das besagen will, mag man daraus ermessen, dass schon wenige Jahrzehnte nach dem Beginne der Lyrik die öftere Wiederholung eines und desselben Tones als ein Zeichen der Unkunst galt, und dass in der Regel zu jedem neuen Liede auch ein neuer Ton, eine neue Weise erfunden wurde. Daher der erstaunliche Reichthum an den manigfaltigsten lyrischen Formen in der deutschen Liederpoesie. Walther von Vogelweide allein weist unter 200 Liedern und Sprüchen nicht weniger als 100 verschiedene Tonweisen auf, und Neidhard sagt von sich selbst, dass er zum Lobe seiner Herrin (der Weltsüsse) achtzig neuer Weisen gesungen habe (83, 24). Noch in den späteren Meistersängerschulen des 14. und der folgenden Jahrhunderte konnte, obwohl das alte strenge Gesetz längst aufgegeben war und jeder in schon vorhandenen Tönen singen durfte, keiner Meister werden, wenn er nicht zuvor eine eigenthümliche bisher unerhörte Tonweise erfunden hatte. Es ist einleuchtend, dass diese Nöthigung zu stets neuer Erfindung neuer strophischer Formen der deutschen Liederdichtung keinen Vortheil gebracht hat: sie hat im Beginne schon den Todeskeim in dieselbe gelegt und sie rasch der Überkünstelung und gehaltlosen Formspielerei entgegen geführt.

Die kunstreiche strophische Gliederung der Verse blieb jedoch keineswegs auf die Liederdichtung beschränkt, sondern drang alsbald auch in die Epik ein. Hier zunächst und vorzugsweise in Gedichte, deren Stoffe der deutschen Heldensage angehören. Dass dieser Weg der wahre richtige und nicht etwa umgekehrt die lyrische Form aus dem epischen Volksgesang sich entwickelt, dürfte schon nach dem Vorgetragenen unzweifelhaft sein, wird aber zur unumstösslichen Gewissheit erhoben, wenn nachgewiesen werden kann, dass die strophische Form in der epischen Poesie unter demselben Gesetze steht, wie die der Liederpoesie, mit andern Worten, dass sie dort in derselben Weise wio hier als das unantastbare Eigenthum ihres Erfinders betrachtet und respectiert wird. Dieser Beweis kann auf's Vollständigste geführt werden.

Unter allen Strophenformen der Heldendichtung die älteste ist unstreitig die Nibelungenstrophe. Nicht nur, dass sie sich vor andern durch Einfachheit, Ebenmass der Form und wirkungsvolle Kraft auszeichnet, sie ist auch zugleich diejenige, die durch alle übrigen epischen Strophenbildungen deutlich bemerkbar hindurchklingt. Über den Ursprung dieser Strophe sind schon mancherlei Vermuthungen aufgestellt worden. Wackernagel's Ansicht, der sie für eine Nachahmung des Alexandriners hielt, ist niemals durchgedrungen und darf als abgewiesen betrachtet werden ³. Andere haben sie aus der epischen Langzeile herleiten wollen ⁴. Aber alle diese Versuche haben nur dazu gedient, in noch helleres Licht zu setzen was schon vorher nicht undeutlich war, nämlich, dass die Nibelungenstrophe mit der alten Langzeile so gut wie nichts gemein hat. Der alte, durch Otfried umgestaltete epische Vers zerfällt, wie wir gesehen haben, in zwei gleiche Hälften von je vier Hebungen, die durch den Endreim zur achtmal gehobenen Langzeile verbunden werden. In der vierzeiligen Nibelungenstrophe dagegen entspricht nur eine der Zeilen, die vierte, in ihrem Masse der Langzeile, während die drei ersten Zeilen in zwei ungleiche durch einen ursprünglich reimlosen Einschnitt (Cäsur) geschiedene Hälften von je vier und drei Hebungen oder Füssen zerfallen ⁵. Sqdann sind nicht die beiden ungleichen Hälften, sondern es sind die Langzeilen selbst und zwar je zwei und zwei durch den Reim mit einander verknüpft. In der That, wenn es auf dem Gebiete der metrischen Form jemals eine Neuerung, ein Abweichen aus dem Geleise des Herkömmlichen gab, so ist es für jene frühe Zeit diese so einfache und zugleich so kunstvolle Strophe.

Wäre nun diese Strophe, was schon an sich unwahrschein-
lich, unmittelbar aus dem Volke selbst hervorgegangen, in der
Weise wie die alte epische Langzeile, also durch Volkssänger
und Spielleute, so könnte es fast nicht fehlen, dass sie, gleich
jener, als Gemeingut betrachtet und als solches bei Bearbeitung
einheimischer Sagenstoffe allgemein gebraucht worden wäre.
Dies ist jedoch durchaus nicht der Fall; im Gegentheil, bis zur
Mitte des 13. Jahrhunderts ist ausser dem Nibelungenliede kein
zweites Gedicht in der nach ihm benannten Strophe gedichtet
und alle übrigen in diese Zeit fallenden Dichtungen, mögen sie
nationale oder fremde Sagen, oder auch didaktische Stoffe be-
handeln, zeigen eine von der Nibelungenstrophe abweichende
Gestalt. Erst in der zweiten Hälfte des 13. Jahrhunderts, als
sich, nicht bloss im bürgerlichen und Staatsleben, die Begriffe
von Mein und Dein zu verwirren und die Bande des Gesetzes
und der Ordnung zu lockern begannen, gelangte der Nibelungen-
vers, zum Theil nicht ohne Zerstörung seiner ursprünglichen
Form⁶ zu allgemeinerer Anwendung; so im gr. Rosengarten,
Ortnit, Hug- und Wolfdietrich⁷, Alphart und Andern, Gedichten, die, unbeschadet der Alterthümlichkeit der darin bearbei-
teten Stoffe, auch sonst, in Ton und Haltung, den Verfall der
alten Kunst zu erkennen geben. Aber aus der früheren Zeit, auf
die es hier allein ankommt, ist, wie gesagt, kein Beispiel der
Entlehnung bekannt.

Der Nibelungenstrophe am nächsten steht die in Walther
und Hiltegund, einer leider nur bruchstückswoise auf uns ge-
kommenen Dichtung, gebrauchte.

Dô der künic Alpkêr gehôrte dise sage,
do entweich im ungemüete und ouch sîn langiu klage.
die boten er vlizieclîche enpfie und ouch sîn wîp.
si wurden harte grôzer vreuden rîche durch den Walthêres lîp.

Hier stimmen die drei ersten Langzeilen und der letzte Halb-
vers in Mass und Reim mit der Nibelungenstrophe. Der erste
Halbvers der letzten Zeile dagegen zählt nicht weniger als sechs
Hebungen statt der vier im Nibelungenliede.

Anders im Gudrunliede.

Daz kom an einem âbende daz im sô gelanc,
daz von Tenemarke der küene degen sanc
mit sô hêrlîcher stimme, daz ez wol gevallen
muose al den liuten; dâ von gesweic der vogellîne schallen.

Statt der durchwegs stumpfen Reime in den Nibelungen und
in Walther und Hiltegund haben wir hier in den beiden letzten
Zeilen klingende und der letzte Halbvers enthält nicht bloss vier,
sondern fünf (eigentlich sechs) Hebungen.

Wieder anders in der Rabenschlacht, der in ihren echten
Theilen schon die Strophenform ein höheres Alter zuweist.

Als nu kam ze Berne daz her von Hiunen lant,
dô wart geslagen ûf daz gras manec gezelt zehant.
vil vreuden si dâ pflâgen,
mit hôchvart und mit schalle si dâ lâgen.

Die beiden ersten Zeilen entsprechen der Nibelungenstrophe,
die beiden letzten, klingend gereimten, von drei und fünf (oder
vier und sechs) Hebungen ohne Cäsur weichen völlig ab.

Abermals verschieden sind die Strophenbildungen in den
wenigen Denkmälern der Spielmannspoesie, im Salman und
Morolt aus dem 12., in den beiden Räthselliedern von König
Tirol von Schotten und Fridebrant aus dem 13. Jahrhundert,
zwei so volksmässigen Gedichten, wie man sie nur verlangen
kann.

Im Morolt besteht die Strophe aus vier Zeilen, von denen
die drei ersten viermal gehoben sind und nur die vierte achtmal
gehobene der letzten Nibelungenzeile entspricht.

Dô sprach diu frouwe wol getân:

„swîc und lâ die rede stân!

jâ bist duz selbe, Salmans man.

kumt mir der künic Phâraô, ez muoz dir an dîn

leben gân“.

Im König Tirol ist die Strophe eine sechszeilige. Die fünf
ersten sind viermal gehoben, die letzte eine der vierten Zeile
der Nibelungenstrophe entsprechende Langzeile mit acht Hebungen und Cäsur:

Als man die morgenzît vernam,

ein balsamsmac an si bekam

mit lüften, daz er lise gie.

ietweder boum den smac enpfie:

der eine wart grüen unde breit,

der ander fûl unt dürre gar; wie was der smac an

si geleit?

Endlich Wolfram von Eschenbach, der wie kein Zweiter
unter den höfischen Dichtern mit den volksmässigen Helden-
liedern bekannt und vertraut war, als er zu seinem Jugend-
gedichte, dem Titurel, die strophische Form wählte, getraute
sich nicht, weder die Strophe des Nibelungenliedes, das er
kannte und liebte, noch eine der übrigen schon vorhandenen
Strophenbildungen zu nehmen. Er nahm sich zwar die Gudrun-
strophe zum Muster, gestaltete sie aber völlig um:

Dô sich der starke Titurel mohte gerüeren,

er getorste wol sich selben unt die sîne in sturme gefüeren:

sît sprach er in alter: „ich lerne

daz ich schaft muoz lâzen: der pflac ich etwenne

schône únd gerne“.

Merkwürdig genug erlitt die Titurelstrophe später selbst
noch eine Veränderung. Als gegen Ende des 13. Jahrhunderts

ein baierischer Dichter das unvollendet gelassene Gedicht wieder aufnahm und im j. Titurel zum ungeheuren Umfange ausdehnte, behielt er die ursprüngliche Form von drei Lang- und einer Kurzzeile nicht bei, sondern zerlegte die beiden ersten in vier durchgereimte Zeilen:

Dô Titurel der starke
sich moht hie vor gerûeren,
ûf vorhtlîcher barke
getorste er wol die sîne in sturme füeren:
sît sprach er in alter: „nu ich lerne
daz ich den schilt muoz lâzen, des pflac ich etewenne
schône und gerne".

Also überall, wohin wir blicken, dieselbe Erscheinung, in der Epik wie in der Lyrik. Jeder achtet und betrachtet die selbsterfundene Tonweise des Andern als dessen Privateigenthum, auf das ihm kein Recht zusteht, das man wohl nachahmen und umgestalten, nicht aber unverändert sich aneignen darf. So gebot es die Sitte, das Herkommen, unter deren Schutz und Schirm künstlerische Erfindungen damals sicherer waren, als heutzutage mit dem besten Patent.

Aus der bisherigen Untersuchung erhellt, dass die Nibelungenstrophe keine überlieferte, oder neu aus dem Volke hervorgegangene, dass sie mit einem Worte kein Nationaleigenthum, sondern die freie Erfindung eines Einzelnen, dass sie Privateigenthum war und als solches von den Zeitgenossen anerkannt und geachtet wurde.

Dass bei diesem Sachverhalt von Volkssängern und Spielleuten (Lachmann nahm deren eine ganze Reihe an), die gleichzeitig und ohne von einander zu wissen, die ganze Nibelungensage in einer und derselben Strophe, auf die sie kein Recht hatten, dichterisch bearbeitet, dass, um es kurz zu sagen, von Volksliedern nicht mehr die Rede sein kann, dürfte schon aus diesem einen Grunde vollkommen klar sein.

Wir haben die Nibelungenstrophe als das Kunstwerk eines Einzelnen erkannt. Nach Erledigung dieser ersten Frage schreiten wir zur zweiten: Wer war ihr Urheber oder Erfinder? Die Beantwortung derselben kann um vieles kürzer, aber mit vollster Sicherheit geschehen. Unbestritten für den ältesten deutschen Liederdichter gilt der Kürnberger. Seine Lebenszeit lässt sich zwar, da bestimmte Angaben fehlen, nicht genau bestimmen. Da er indess dem Dietmar von Aist, der urkundlich von 1143—1171 nachgewiesen werden kann, jedenfalls vorausgeht, so ergibt sich für die Zeit seines Lebens und Wirkens die erste Hälfte des 12. Jahrhunderts, etwa die Jahre 1120—1140. Leider sind von dessen Liedern, die zu den frischesten und volksmässigsten der älteren Lyrik gehören, nur wenige auf uns gelangt, im Ganzen nur 15 einzelne Strophen; aber für den zu führenden Beweis sind sie mehr als ausreichend. Die in sämmtlichen Strophen des Kürnbergers erscheinende Form ist nämlich vollständig dieselbe wie im Nibelungenliede. In der Zahl der Zeilen und der Hebungen, im Mass und Bau der Verse, kurz in Allem ii ~cht zwischen beiden die vollkommenste Übereinstimmung. Da ... der Kürnberger der erste ist, der diese Strophe gebraucht, ausschliesslich und allein gebraucht, so muss er auch deren Erfinder sein [8]. Zum Überfluss fehlt es nicht an einem ausdrücklichen Zeugnisse. Die eine der Kürnbergischen Strophen lautet:

Ich stuont ~ nehten spâte an einer zinnèn,
dô hòrte ich einen ritter vil wol singèn
in Kürenberges wîse al ûz der menegîn:
er muoz mir daz lant rûmen, od ich geniete mich sîn.

D. h. als ich vergangene Nacht spät an der Zinne stand, hörte ich aus der ganzen Menge heraus einen Ritter herrlich in des Kürnbergers Weise singen u. s. w.

(Pfeiffer.) 2

Die Nibelungenstrophe wird hier ausdrücklich Kürnbergs
Weise genannt und dadurch deutlich als seine Erfindung, sein
Eigenthum bezeichnet; beiläufig bemerkt, das einzige Beispiel
der Benennung einer Tonweise nach ihrem Verfasser vor dem
14. Jahrhundert. Wunderbar genug zieht sich, gerade wie in
der Epik, diese Strophe gleich einem rothen Faden auch durch die
gesammte Lyrik des südöstlichen Deutschlands und bildet den
Grundton für die mannigfaltigsten Neubildungen lyrischer Formen[9]. Aber sich angeeignet hat sie keiner[10]. Wir werden daher
kaum fehl greifen, wenn wir, auf Grund unserer bisherigen
Untersuchung, in dem Verfasser jener lyrischen Strophen auch
den Urheber des in derselben Strophenform verfassten epischen
Gedichtes erblicken; ja nach meiner Ansicht sind wir berechtigt,
den Kürnberger und den Dichter des Nibelungenliedes für Eine
Person zu halten.

Zur Unterstützung dieser Ansicht dient noch eine Anzahl
weiterer, nicht zu übersehender Momente, während ich nur ein
einziges Bedenken kenne, das unserer Annahme scheinbar
ernstlich entgegensteht. Ich meine den beträchtlichen Zeitraum
von 50 — 60 Jahren, der zwischen den Liedern des Kürnbergers
und unserem Heldenliede liegt und sich besonders in den unge-
nauen Reimen dort, in den genauen hier zu erkennen gibt. Der
Unterschied ist allerdings so gross, dass er eine Identificierung zu
verbieten scheint. Bevor ich daher zur Erwägung jener weiteren
Momente übergehe, wird es nothwendig sein, erst dieses Hin-
derniss aus dem Wege zu räumen.

Dass das Nibelungenlied die Gestalt, in der es uns vorliegt,
nicht vor dem Jahre 1190 empfangen haben kann, ist eine
Thatsache, über die eine Meinungsverschiedenheit nicht besteht.
Der Beweis hiefür liegt in der Beschaffenheit von Vers und
Reim. Es gibt wenige Perioden unserer ältern Literaturgeschichte,
von deren Zustand und Veränderung in Bezug auf Vers und

Reim wir so genaue Kunde haben, als gerade das letzte Jahrzehent des 12. Jahrhunderts. Der Grund ist dieser. Kurz vorher, in den Jahren 1185—1190, dichtete nämlich Heinrich vom Veldeken seine Aeneide und in diesem Gedichte wurde zum ersten Male in Deutschland mit künstlerischem Bewusstsein neben regelmässigem Versbau volle Genauigkeit, voller Gleichklang in den Reimen ein- und durchgeführt, während früher, noch wenige Jahre vorher, in Reimen grosse Willkühr und Ungenauigkeit, oft blosse Assonanz geherrscht hatte. Heinrich vom Veldeken galt desshalb bei seinen Zeitgenossen und durch das ganze Mittelalter als der Vater der höfischen Poesie und Kunst, weil diese erst durch ihn zu Regel und Gesetz erhoben wurde. Vor ihm waren Reime wie *kint : dinc*, *lip : zît*, *wart : stark*, *lop : got*, *klagen : haben*, *sêle : êre* u. s. w. ganz gewöhnliche, bei allen Dichtern begegnende. Wäre das Nibelungenlied in seiner gegenwärtigen Gestalt vor 1190 gedichtet, so würde es unfehlbar ähnliche Reime aufweisen. Von solchen Freiheiten findet sich jedoch nichts darin, sondern die Reime sind so rein und genau wie in den meisten Gedichten, die vom Ende des 12. bis in die Mitte des 13. Jahrhunderts in höfischen Kreisen entstanden sind. Das Nibelungenlied, das w i r kennen, m u s s daher nothwendig dieser Zeit angehören.

Auf der andern Seite begegnen uns in den Strophen des Kürnberger's, entsprechend ihrem hohen Alter, die eben berührten Freiheiten in grosser Fülle und bilden zwischen sich und den Nibelungen eine gewaltige, kaum zu überspringende Kluft. Diese Kluft ist jedoch augenblicklich ausgefüllt, sobald nachgewiesen wird, dass das Lied in seiner vorliegenden Gestalt nicht das ursprüngliche Werk des Dichters, sondern die spätere, nach dem verfeinertem Geschmacke der höfischen Welt vorgenommene Umarbeitung eines ältern Gedichtes ist. Diesen Beweis hat Holtzmann in eingehender, scharfsinniger, überzeugender Weise wirklich geführt. Ohne das Gewicht seiner verschiedenen Gründe gering zu achten, ist es jedoch besonders éin Punkt, der mir von schlagender Kraft und bisher noch bei weitem nicht genug betont scheint. Die Nibelungenstrophe kennt, wie wir gesehen, nur stumpfen (männlichen) Reim. Nun finden wir im Liede nicht selten Reime, die mit diesem Gesetze, nach den Begriffen der ausgebildeten höfischen Verskunst, in schreiendem Widerspruche stehen, zweisilbige Reime nämlich, mit langer Penultima: *Kriemhilde : wilde, huoben : uoben* u. s. w.

Z. B. 13. *Den troum si sô sagete ir múoter Úotên.*
          sine kund es niht bescheiden báz der gúotên.

   418. *Dô tet man Prünhilde kúnt mit mderên,*
         daz dâ vremde recken kômen wáerên.

  1450. *Dô der künic Ezele von ím gesándè*
         sîne boten zuo dem Rîne, von mánegem lándè
         brâhte er vil der recken.

  1563. *Daz wazzer was engozzen, diu schif verbórgèn :*
         ez ergie den Nibelungen ze grôzen sórgèn.

Wie kommen solche Reime, Reime, die nach den Gesetzen der höfischen Kunst, zumal der Lyrik, durchaus nur als klingende (weibliche) gelten und seit Heinrich vom Veldeken niemals anders gebraucht worden sind, in das Nibelungenlied, das nur stumpfreimige Verse kennt und jene Wörter, wie der Augenschein lehrt, in der That auch nicht anders verwendet? Hiefür ist nur éine Erklärung denkbar.

Von Otfried bis ins 12. Jahrhundert gab es in der deutschen Poesie nur éine Art von Reimen, einsilbige. Ob Otfried *lêren : êren, muate : guate, gisungun : zungun*, oder ob er *scal : ubaral, bôt : nôt, sungun : sâligun* u. s. w. im Reime band, metrisch war es ein und dasselbe: ein stumpfer Reim, indem

nur die letzte Silbe als Träger des Reimes galt. Der zweisilbige klingende Reim dagegen kam erst später auf, als
die früher so manigfaltigen Endsilben und Flexionen ihre Ton-
fülle verloren und sich zu *i* oder *e* abgeschwächt hatten. Das
geschah natürlich nicht auf einmal, sondern allmählich; aber
um die Mitte des 12. Jahrhunderts hatte diese Veränderung
und Neubildung der Sprache ihren Abschluss erreicht und neben
den bisher ausschliesslich herrschenden stumpfen Reim trat nun
der klingende. Noch unsere ältesten Liederdichter, der Kürnberger, Spervogel, und Dietmar gebrauchen *wünne : künde,*
zinnen : singen, bette : wecken, geweine : scheiden, gezeigen : eigen,
mære : wære, slâfen : schâfen u. s. w. genau in der Weise
Otfrieds und wie wir es im Nibelungenliede gesehen, als stumpfe
Reime. Aber schon bei den zwei zuletzt Genannten beginnen
neben den nach alter Art gemessenen stumpfen Reimen auch
wirkliche klingende Reime aufzutauchen, und es ist lehrreich zu
beobachten, wie hier das Alte und Neue noch neben einander
hergeht. Von da ab verschwinden solche Reime gänzlich: bei
allen Liederdichtern von Dietmar bis auf Heinrich vom Veldeken[11]
ist, wie der regelmässige Wechsel männlicher und weiblicher
Reime uns lehrt, der klingende Reim bereits völlig durchgedrungen, und es können hinfort nur mehr entweder wirklich
einsilbige Wörter, wie *man : kan, dort : wort,* tôt: nôt, oder
zweisilbige mit kurzer Penultima, die nach altdeutschen Laut-
gesetzen nur die Geltung éiner Silbe haben, wie *sagen : klagen,*
leben : geben zum stumpfen Reime verwendet werden [12].

In der strophischen Epik herrscht genau dieselbe Regel.
Das Nibelungenlied allein macht hievon eine Ausnahme, eine Aus-
nahme, die sich mit den seit 1190 und früher schon geltenden
Reimgesetzen schlechterdings nicht in Einklang bringen lässt.
Lachmann hat das recht gut gewusst: das zähe Festhalten an
seiner längst und zwar urkundlich widerlegten Behauptung,

dass die Namen unserer Liederdichter nicht über das Jahr
1170 zurück gehen, hat keinen andern Grund, als eben diese
ungewöhnlichen stumpfen Reime des Nibelungenliedes. Er
ahnte die Klippe, die hier seiner Liedertheorie drohte, und
suchte ihr durch jene Behauptung zu begegnen [12]. Denn gab
es um 1170 noch solche Reime, so war immerhin die Möglichkeit nicht abgeschnitten, dass Sänger aus dem Volke, das
wie heute so von jeher Neuerungen abhold am Alten klebte,
noch um 1190 sich ihrer als einer alterthümlichen Form be-
dient haben könnten. Allein auch diese Ausflucht erweist sich
sofort als eine trügerische. Denn selbst in Salman und Morolt,
einem Gedichte, das seine noch unvollkommenen Reime weit über
Heinrich vom Veldeken zurücksetzen, findet man nichts von
solchen Reimen, obwohl gerade hier, in dem einzigen Denk-
mal echter, wirklicher Volkspoesie aus jener Periode, ein
Festhalten an der alten Reimart nicht Wunder nehmen dürfte.

Für diese auffallende Erscheinung gibt es, wie gesagt, nur
éine Erklärung: die Annahme, dass wir es hier mit keinem
Originalwerk, sondern nur mit einer späteren Umarbeitung zu
thun haben, die die ursprüngliche Form des Werkes nicht
völlig zu tilgen vermocht hat. Solcher Beispiele gewährt uns
unsere ältere Literaturgeschichte die Fülle. Nach der Einführung
des genauen Reimes und streng gemessenen Verses wetteiferte
man, ältere deutsche unvollkommen gereimte Gedichte, deren
Stoffen eine stärkere Anziehungskraft innewohnte, der Gegenwart
dadurch wieder nahe zu rücken, dass man sie umdichtete und
ihnen ein dem veränderten Geschmack, der neuen Kunst ent-
sprechendes neues Kleid anlegte. So wurde das wohl noch im
11. Jahrhundert entstandene Alexanderlied des Pfaffen Lam-
precht, von welchem Rudolf von Ems in seinem Alexander sagt,
es sei nach den alten Sitten, stumpflich, nicht wohl beschnitten,
in der Strassburger Hs., so die alte um 1137 verfasste Kaiser-

chronik, so das Marienlied vom Pfaffen Wernher, so der Reinhard
Fuchs von Heinrich dem Glîchesære, so das Rolandslied des Pfaffen
Konrad durch den Stricker und so noch andere Gedichte des 11.
und 12. Jahrhunderts, zum Theil noch im 12. Jahrhundert selbst,
umgearbeitet, erweitert, modernisiert. Überall in diesen Bearbei-
tungen ist das Bestreben sichtbar, an die Stelle der unvollkom-
menen Reime genaue zu setzen. In einer ähnlichen Umarbeitung liegt uns das Nibelungenlied
vor. Auch hier wurde der reine Reim zwar durchgeführt, zugleich
aber aus dem alten Gedichte von jenen scheinbar klingenden
stumpfen Reimen diejenigen beibehalten oder herübergenommen,
die vermöge ihres völligen Gleichklanges für ein an die Reinheit der höfischen Reimkunst gewöhntes Ohr nichts verletzendes
hatten [14]. Dabei liegt die Vermuthung nahe, dass sich die Umarbeitung nicht bloss auf den Reim beschränkt hat, sondern dass
das Ganze, im Geiste der eben neu erwachten höfischen Poesie,
auch erweitert und wie jene anderen Erneuerungen alter Gedichte
mit Zusätzen vermehrt wurde. Dies geschah aber gewiss nicht in
der von Lachmann ersonnenen Weise, wonach der Umdichter alle
alten Strophen stehen gelassen und nur da und dort neue er-
weiternde Strophen eingefügt hätte; vielmehr muss die Umarbeitung, deren älteste Gestalt uns in der Lassbergischen Handschrift (C) vorliegt, eine weit tiefer greifende gewesen sein.
Spuren davon zeigen sich im Liede allerwärts.

Nachdem das einzige gegen die Identificierung des Kürnbergers und des Nibelungendichters sich erhebende Bedenken,
weit entfernt dieselbe zu beeinträchtigen, vielmehr dazu gedient
hat, sie noch fester zu begründen, dürfen wir zur Erwägung der
das gewonnene Resultat unterstützenden Momente übergehen.

Betrachten wir zuerst Inhalt und Charakter der Kürnbergischen Lieder. Einfach wie die Tonweise ist auch die Darstellung. Sie zeigt wenig Schmuck, geringe Manigfaltigkeit in

den Reimen und verschmäht jede Anwendung künstlicher äusserer Mittel. Dem entspricht auch der Inhalt, der sich wesentlich von den Erzeugnissen der spätern subjectiven Lyrik unterscheidet. Es sind nicht Liebeslieder gewöhnlichen Schlages, sondern in's Epische hinüberspielende, romanzenartige Gedichte, voll frischer Züge und anschaulicher Bilder, Lieder, gleichsam in Handlung gesetzt. „Ein Sprecher, eine Sprecherin in bestimmter Lage und Umgebung, Meldung eines Boten, Wechselrede scheidender Liebenden. Die Gedanken springen nicht aus leerer Luft hervor, noch werden Gefühle in allgemeinen und farblosen Worten ausgesprochen. Ein Sichtbares, ein Naturbild, eine Handlung, eine lebende Gestalt erscheinen als Träger der Gedanken und Empfindungen. Lyrisches und Episches sind noch ungeschieden, Erzählung, Beschreibung, dramatische Handlung, Erguss des Gefühls, Betrachtung und Lehre fliessen hier noch zusammen" [15]. Einem Sänger, der in seinen lyrischen Gedichten den Epiker so wenig zu verläugnen weiss, wie der Kürnberger, dürfen wir auch die Kraft zu einem grössern ausgeführten erzählenden Gedichte zutrauen.

Ähnliche Erscheinungen gewähren uns die Anfänge der Lyrik bei andern Völkern. Auch bei den Griechen waren die ältesten Denkmäler lyrischer Poesie vom Geiste der Epik noch getragen und durchdrungen. So namentlich die Dichtungen des Stesichorus, der überhaupt mit unserem Kürnberger eine auffallende Ähnlichkeit hat. Auch Stesichorus, der als der erste classische Lyriker der Griechen gilt, war zugleich ein ausgezeichneter Epiker. Er, der Erfinder der Dreitheiligkeit der Chorstrophe, war es, der die Stoffe des Epos zuerst mit dem lyrischen Ton und den Formen des Melos verschmolz, und dadurch auf der einen Seite den Sinn für den Sagenschatz der Nation neu belebte, auf der andern den Anspruch auf die künstlerische Composition steigerte. Seine strophischen Epen waren zugleich populär und den Kunstfor-

derungen entsprechend, er selbst ein Volksdichter im höhern
Sinne des Wortes [16]. Es muss überraschen, wie genau all' das
bei unserem Kürnberger zutrifft: auch er ist unser erster Lyriker und der grösste Epiker einer künstlerisch vorgeschrittenen
Zeit in éiner Person. Den Stesichorus nannten seine Zeitgenossen
um seines dichterischen Ruhmes willen den melischen Homer:
dem Kürnberger dürfen wir in unserer Literatur einen ähnlichen
Ehrenplatz einräumen.

Bevor ich weiter schreite, will ich noch einen sprachver-
gleichenden Blick auf die Lieder des Kürnbergers und das Nibelungenlied werfen. Begreiflicher Weise können 15 Strophen
gegenüber von 2400 in Bezug auf Sprache, auf Bilder und
Gedanken der Vergleichungspunkte nicht viele darbieten. Gleichwohl gebricht es daran nicht gänzlich. Nehmen wir die beiden
Strophen (MSF. 8, 33 ff.):

Ich zôch mir einen valken mêre danne ein jâr.

dô ich in gezamete, als ich in wolte hân,

und ich im sîn gevidere mit golde wol bewant,

er huop sich ûf vil hôhe und floug in anderiu lant.

Sît sach ich den valken schône fliegen:

er fuorte an sînem fuoze sîdine riemen,

und was im sîn gevidere alrôt guldîn:

got sende si zesamene die gerne geliebe wellen sîn.

erinnern diese Strophen nicht lebhaft an die Stelle in den
Nibelungen 12:

In disen êren troumte Kriemhîldè,

wie si züge einen valken stárc und wîldè?

Dennoch möchte ich gerade hierauf ein besonderes Gewicht nicht
legen; ein um so höheres auf die Übereinstimmung in Bildern,
Redewendungen und eigenthümlichem Wortgebrauch. Der in

den Liedern 7, 2. 4 begegnende nicht ganz den Gesetzen der
spätern höfischen Kunst gemässe Reim: *schedelich : lobelich* findet
sich ähnlich auch Nib. 307: *iesèlich : lobelich*. — Der sonst
unhäufige Ausdruck *einen leides manen*, an das Leid erinnern,
öfter in den Nib. 1738. 1804. 1825. 2875, steht auch Lieder
7, 10: *wes manest dû mich leides;* ebenso *geleben* im Sinne
von erleben: Nib. 704. 711. 855. 1271. 1406. 2180. Lieder
7, 13. — Die sonst unbelegte Redensart *einen trûrigen muot
gewinnen,* von Trauer ergriffen werden, steht Nib. 189. Lieder
8, 23. 24. — *daz lant rûmen,* die Gegend verlassen, ausser
Landes gehen, obwohl auch von anderen gebraucht, erscheint
nirgend häufiger als im Nib. L. 66. 252. 368. 456. 708 und
öfter, auch in den Liedern finden wir es zweimal 8, 7. 9, 32. —
sich eines dinges genieten, sich mit etwas zu schaffen machen,
gern damit beschäftigen: Nib. 1066. Lieder 8, 8. — *es wirt
vil wol versüenet* Nib. 687. *der uns vil wol versuonde* Lieder
9, 19. — Unhäufig ist ferner: *einem ein dinc benemen,* einem
etwas wegnehmen, entführen, rauben, besonders durch Tödtung,
von Menschen gebraucht; im Nibelungenliede findet es sich
öfter: *diu Prünhilde sterke in* (Gunther) *wæn uns hât benomen*
550. *der mir in* (den Siegfried) *hât benomen* 1045. *ich wæn
im unser degene haben etewen hie benomen.* Auch in
den Liedern begegnet es: *daz mir den* (den Geliebten) *benomen
hân die merkær unde ir nît* 7, 23. — Dasselbe gilt von *künde
gewinnen eines,* mit Jemand bekannt werden. Nib. 88. 491.
4342 (= N). Lieder 7, 22.

Wer diese Parallelstellen für zufällig und aus diesem Grunde
für unsere Frage belanglos halten wollte, der möge nicht unterlassen, mit andern Dichtern zur Probe einen Versuch zu machen,
und er wird finden, dass man ganze grosse Reihen von Liedern
durchlesen kann, ohne nur die Hälfte der Beispiele zu finden,
die uns hier wenige Strophen gewährt haben. Ein Bild habe

mir für zuletzt aufgespart, weil es mir besonders bezeichnend
scheint. In des Kürnbergers Liedern lesen wir 8, 17:

Swenne ich stân aleine in mînem hemede
und ich an dich gedenke, ritter edele,
so erbluoget sich min varwe als der rôse am dorne tuot.

So natürlich und naheliegend diese Umschreibung des jung-
fräulichen Erröthens durch das Erblühen der Farbe ist, so kann
sie doch nur noch im Nibelungenliede nachgewiesen werden, wo
von der Kriemhilde, zuerst beim Empfang der Nachricht von
der glücklichen Heimkehr ihrer Brüder aus dem Sachsenkriege
und den Heldenthaten Siegfrieds gesagt wird: — *do erbluot ir*
liehtiu varwe 241 (ursprünglich wohl ebenfalls *do erbluote sich*
ir varwe), und dann noch einmal mit leichter Veränderung
294: *dô si den hôchgemuoten vor ir stênde sach, do enzunde*
sich ir varwe. Diese beiden Stellen stehen in einem Theile des
Gedichtes (4. 5. Aventüre), wo überhaupt lyrische Empfindung
deutlich durchbricht. Oder jene wundervolle Schilderung des
Erscheinens der Kriemhilde und ihrer ersten Begegnung mit
Siegfried, wo sie mit dem aus trüben Wolken hervorbrechenden
Morgenroth und mit dem Monde verglichen wird, dessen Licht
die Sterne überglänzt, verräth sie nicht eher das überwallende
Gefühl eines Minnesängers als die streng masshaltende Art des
epischen Dichters? Ich meine die Strophen 283—285:

Nû gie diu minneklîche alsô der morgenrôt
tuot ûz den trüeben wolken. dâ schiet von maniger nôt
der si dâ truog in herzen und lange hete getân:
er sach die minneklîchen nû vil hêrlîchen stân.
Jâ lûht ir von der wæte vil manic edel stein,
ir rôsenrôtiu varwe vil minneklîche schein.
swer sô wünschen solde, der enkünde niht gejehen,
daz er in dirre werlde hæte schœners iht gesehen.

Sam der liehte mâne vor den sternen stât,

des schîn sô lûterlîche vor den wolken gât,

dem stuont si vil gelîche vor maniger frouwen guot etc.

Hier klingt eben so hörbar der lyrische Ton durch das Epos, wie dort der epische durch die Lieder, und beides dient zur Bekräftigung des auf anderem Wege gewonnenen Ergebnisses.

Gleicherweise steht was über den Kürnberger selbst und seine Heimat beigebracht werden kann, damit im vollen Einklang. Dass das Nibelungenlied an der Donau, in Österreich ist verfasst worden, haben die gründlichen Untersuchungen des Ritter Anton von Spaun, Holtzmanns und Zarnckes längst ausser allen Zweifel gestellt. An den Ufern dieses Stromes war auch der Kürnberger zu Hause. Er gehörte jenem edeln Geschlechte an, dessen Stammschloss auf einem von Linz stromaufwärts sich ziehenden, gegen das Kloster Wilhering steil abfallenden Bergrücken stand, der noch jetzt der Kirnberg heisst. Von 1100—1160 und später noch erscheinen in oberösterreichischen Urkunden zahlreiche Glieder dieses wie es scheint reichen und mächtigen Geschlechtes: Burchhart, Magenes, Gerolt, Marcwart, Kunrat, Walther [17]. Leider hat uns die einzige Handschrift, welche Kürnbergs Lieder enthält, die Pariser, seinen Vornamen nicht überliefert und uns dadurch die Möglichkeit abgeschnitten, seine Lebenszeit genau zu bestimmen. Wenn ich indess eine Vermuthung wagen darf, so war unser Dichter jener Magenes von Kürnberg, der in einer Urkunde des Bischof Reginmar von Passau als Zeuge erscheint. Hierauf leiten mich bestimmte Erwägungen.

Sehr unähnlich seinen beiden unmittelbaren Vorgängern, Altmann und Ulrich, und desshalb von den klösterlichen Chronisten scheel angesehen, war Bischof Reginmar von Passau (1121—1138) ein mehr weltlich als geistlich gesinnter, prachtliebender Herr [18]. Nach Art weltlicher Fürsten führte er einen

glänzenden Hofstaat ein, errichtete er die Hofämter eines Käm-
merers, Mundschenken, Truchsessen etc. und umgab sich mit
zahlreichem Adel und Beamten [19]. Dass Reginmar, wie es vor
ihm schon andere Kirchenfürsten gethan [20], die deutsche Poesie
begünstigt oder gepflegt, wird zwar nicht ausdrücklich von ihm
bezeugt, darf aber, da die Vorbedingungen dazu, vor allem ein
reichentwickeltes Hofleben, dort vorhanden waren, vorausgesetzt
werden [21]. Zur Entfaltung dieses bewegten, an den geistlichen
Höfen damaliger Zeit nicht gerade häufigen Lebens mochten
die kurz vorher begonnenen Kreuzzüge wesentlich beigetragen
haben. Passau gehörte in erster Reihe zu den Städten, über
und durch welche die Heerzüge der Kreuzfahrer von Westen
nach Osten vorzudringen pflegten. Wer hier in der Umgebung
des gastfreien, glanz- und prachtliebenden Kirchenfürsten lebte,
konnte die Blüte romanischer Ritterschaft strahlend in poe-
tischer und religiöser Verklärung an sich vorüber ziehen
sehen, und leicht dadurch zu dichterischer Production begeistert
werden. Dass auf solche Anregung hin, einerseits durch die
Kreuzzüge und die damit im Zusammenhange stehende Erhebung
der Geister und Gemüther, andererseits durch den leuchtenden
Vorgang des südfranzösischen Adels, die deutsche höfische
Poesie in's Leben trat, ist unbestritten; eben so unbestreitbar,
obwohl noch nie ausgesprochen, ist, dass der Kürnberger der
erste und älteste namhafte Dichter ritterlichen Standes in Deutschland war.

In Passau hatte der Kürnberger auch die beste Gelegenheit,
das über hundert Jahre früher dort entstandene lateinische Buch
von den Nibelungen kennen zu lernen, das ihm als Quelle zu
seinem Epos gedient hat. Die Existenz eines solchen Buches in
Frage zu stellen, ist kein Grund vorhanden. Das Zeugniss der
um 1200 in kurzen Reimpaaren gedichteten Klage, die einen
Anhang zum Liede bildet und in fast allen Handschriften mit

diesem vereinigt ist, darf als ein unverdächtiges, vollgültiges betrachtet werden. Mit ausführlichen Worten wird uns hier erzählt, der Bischof Pilgerin von Passau (971—991) habe aus dem Munde von Spielleuten, fahrenden Sängern und Andern, also aus Liedern und Sagen, die Mähre, die das furchtbare Schicksal seiner Neffen, der burgundischen Könige, erzähle, zusammentragen und durch seinen Schreiber, Meister Konrad, in lateinischen Buchstaben niederschreiben, d. h. in ein lateinisches Buch redigieren lassen. Seitdem habe man es öfter in deutscher Sprache gedichtet [22].

Nimmt man diese Aussage, wie sie vorliegt, ohne sie künstlich zu drehen und zu deuten, so ist sie durchaus unverfänglich; denn es ist kein Grund abzusehen, der zu einer so detailierten Erfindung hätte veranlassen sollen. Auch in der lateinischen Fassung liegt nichts Auffallendes. Von ähnlichen Aufzeichnungen deutscher Volkssagen durch Geistliche und in lateinischer Prosa lassen sich manche Beispiele anführen. Das Buch des Jornandes de rebus Geticis beruht zum Theil, das des Paulus Diaconus de gestis Langobardorum fast ganz auf dichterischen Sagen und Volksliedern [23]. Dasselbe ist mit der im 11. Jahrhundert entstandenen Vita Caroli magni et Rolandi des Pseudoturpinus der Fall. Auch dieses Buches Quelle waren Volkslieder und mündliche Überlieferungen oder auf solche gestützte, frühere Aufzeichnungen [24].

Darf demnach die Existenz eines auf Betrieb des Bischof Pilgerin lateinisch geschriebenen Buches nicht in Zweifel gezogen werden, so steht auf der anderen Seite eben so fest, dass dasselbe für den Dichter unseres Liedes die Hauptquelle bildete. Wie anders wäre es sonst zu erklären, dass der Bischof Pilgerin durch einen grossartigen Anachronismus als mitbetheiligte, handelnde Person in das Nibelungenlied eingeflochten wurde, wenn nicht dadurch, dass er selbst bei der Sammlung der im Volke umge-

henden Lieder und Sagen von Siegfried und den Nibelungen und
deren Redaction in ein Buch die Hand im Spiele gehabt hat?
Ob der Versuch, seinen eigenen Namen der Sage einzuverleiben
und sich als einen Blutsverwandten der burgundischen Könige
hinzustellen, in allgemeinen Regungen des Ehrgeizes seinen
Grund hatte, oder ob er bestimmte politische Zwecke damit verfolgte, muss unentschieden bleiben; leicht möglich, dass beide
Motive zusammen gewirkt haben: kennen wir doch den ränke-
vollen, in seinen Mitteln nicht weniger als wählerischen Charakter
des Mannes gut genug, um ihm eine solche Fälschung der Sage
zutrauen zu dürfen.

Hinzu kommt, dass der Verfasser der Klage die Nibelungensage im Ganzen genau so kennt, wie sie im Liede erscheint:
offenbar haben beide aus gemeinsamer Quelle geschöpft. Daneben muss der Dichter der Klage allerdings auch von unserm
Liede, dem ursprünglichen Werke sowohl als der Umarbeitung,
Kenntniss gehabt haben; das verrathen manche Einzelheiten, die
gewiss nur dem Dichter des deutschen Liedes angehören, und
nur als eine Anspielung auf das Lied in seinen beiden Gestalten
können die Schlussworte der Klage betrachtet werden, dass man
das Mähre seitdem, d. h. auf Grundlage des lateinischen Buches,
öfter in deutscher Sprache gedichtet habe.

Wie sich das deutsche Gedicht im Einzelnen zu dieser seiner
Quelle verhält, lässt sich, so lange uns diese verschlossen bleibt,
natürlich nicht ermitteln. Wie treu aber auch der Dichter ihr in
allem Thatsächlichen, in den Begebenheiten und im Gange der
Erzählung gefolgt sein mag und wird, das darf gleichwohl mit
Bestimmtheit vorausgesetzt werden, dass er sich in allem übrigen
mit vollster dichterischer Freiheit bewegt hat. Die epische Anordnung und Ausführung, die Schilderung und Gruppierung des Einzelnen, der rasche unaufhaltsame Fortschritt im Ganzen, die Moti-
vierung und psychologische Begründung, die meisterhafte Zeichnung

und Durchführung der Charaktere, kurz alles das, was das Nibelungenlied zu dem poetischen Kunstwerke, als welches wir es
bewundern, erhebt, ist gewiss volles freies Eigenthum des deutschen Dichters. Auch die cultur-historische Färbung, die Schilderung des Lebens, der Sitten und Gewohnheiten, die Denk-,
Sprech- und Ausdrucksweise der handelnden Personen kann nicht
dem lateinischen Buche, sondern muss dem deutschen Dichter
angehören, es ist der Reflex der Zeit, in der er lebte, ihrer
Lebens- und Anschauungsweise. Denn wie schöpferisch auch ein
Geist, wie selbständig seine Richtung ist, mit der Gegenwart
hängt er gleichwohl durch tausend Fäden zusammen, und was
diese bewegt und erfüllt, kommt bald stärker bald schwächer
auch in ihm und seinen Werken zum sichtbaren Ausdruck.

Noch in anderer Weise ist der Dichter von seiner Zeit ab-
hängig und ein Kind derselben. Wenn er auch, ihr vorauseilend,
wie ein Phänomen aufzusteigen scheint, die Möglichkeit seines
Werdens und Entstehens ist dennoch an gewisse Vorbedingungen geknüpft. Diese sind politischer und literarischer Art.
Die Geschichte aller Culturvölker lehrt uns, dass leuchtende
Erscheinungen in der Poesie Folgen und Abspiegelungen grosser
Regungen des thätigen Volkslebens sind, kräftiger nationaler und
politischer Erhebungen, mächtiger innerer Entwickelung. So
war es in Griechenland, so in Rom, Italien, Spanien, Frankreich
und England: überall fällt die Blüte der Literatur entweder mit
dem höchsten Aufschwunge des Volks- und Staatslebens zusammen oder lehnt sich an das Bewusstsein einer noch in frischester
Erinnerung stehenden grossen Vergangenheit [25]. Erregungen
ähnlicher Art waren im 11. und im Anfang des 12. Jahrhunderts einerseits die Kreuzzüge, andererseits die Macht und Grösse
des deutschen Reiches unter den fränkischen Kaisern, zumal die
von Heinrich dem Dritten geführten Ungarkriege, deren sieg-
und ruhmreichen Erfolge namentlich im südöstlichen Deutsch-

land das nationale Bewusstsein in ungemeiner Weise hoben und
kräftigten. Dass der Geist und die Kämpfe d i e s e r Zeit sich im
Nibelungenliede abspiegeln, dass die Ungarzüge der Boden sind,
auf dem später die köstliche Frucht reifte, hat erst neulich ein
junger österreichischer Historiker, Moriz Thausing, an der Hand
der politischen Geschichte in überraschendes Licht gestellt [26].
Aber geistige Erhebungen solcher Art reichen allein noch
nicht hin, einen grossen Dichter hervorzubringen. Er bedarf der
Vorgänger, die ihm die Wege ebnen, an denen er sich heran-
bilden, auf deren Schultern er stehen und weiter aufsteigen kann.
Und nicht ohne solche Vorgänger und Vorbilder hat sich unser
Dichter zu der Höhe emporgeschwungen, auf der wir ihn erblicken. Zwar wird bezweifelt, dass „die geordnete Erzählung,
die planmässige Entwickelung einer Folge von Begebenheiten
bis ins 12. Jahrhundert in Deutschland jemals die Aufgabe eines
epischen Dichters gewesen sei" [27], mit andern Worten, dass es
vor der genannten Zeit eigentliche einheitliche Epopöien gegeben habe. Diese zu bestimmten Zwecken mühsam ersonnenen
Zweifel niederzuschlagen genügt schon (um anderer Beispiele zu
geschweigen) das eine Waltharilied, das sich zwar bloss in einer
lateinischen Fassung des 10. oder 11. Jahrhunderts erhalten
hat, dessen Grundlage aber deutlich ein deutsches Gedicht war [28].
Hier sehen wir eine in ihrem Kern überaus einfache, mit ein
paar Worten zu erzählende Sage zu einem in epischer Breite
und Ausführlichkeit unaufhaltsam fortschreitenden, wohlgeord-
neten Ganzen, zu einem echten und rechten Epos ausgeweitet.
Und dies alte Lied hat unserem Dichter unläugbar vorgelegen,
ja es hat ihm in manchem Betracht zum Vorbilde gedient, ihn
vielleicht sogar zur Dichtung der Nibelungensage unmittelbar
angeregt. Nicht nur thut er der Sage mehrfach ausdrücklich
Erwähnung, auch im Einzelnen fehlt es nicht an Stellen, die
lebhaft an das Waltharilied erinnern. Man vergleiche nur die

(Pfeiffer.)   3

nächtliche Flucht der beiden Liebenden durch fremdes, von allen
Seiten gefahrdrohendes Land, mit dem Zuge der Burgunden
durch Baiern und der Überfahrt über die Donau; dann die ein-
samen, erst durch Hiltegund allein, dann abwechselnd von ihr
und Walther gehaltenen Nachtwachen auf dem Wasichenstein
mit der Schildwacht Hagens und Volkers; endlich mit dem Ver-
nichtungskampfe der Nibelunge die meisterhafte Beschreibung
der immer wieder von neuem beginnenden und doch in der
Schilderung niemals sich wiederholenden Einzelkämpfe Walther's
erst mit einer ganzen Reihe fränkischer Helden, zuletzt mit
König Gunther und seinem alten Geiselschaftsgenossen Hagen
selbst. Die Ähnlichkeit der betreffenden Stellen im Nibelungen-
und Walthariliede springt in die Augen. Und dann der Schluss
des lateinischen Gedichtes: *hæc est Waltharii poesis*, wem fällt
nicht augenblicklich die wörtliche Übereinstimmung mit den
Nibelungen ein, die mit den Worten schliessen: *daz ist der
Nibelunge liet?* [29]

Aber nur das Vorbild, die Einwirkung des älteren Gedichtes
auf den Verfasser wird hieraus ersichtlich: von eigentlicher Nachahmung oder gar Entlehnung kann nicht die Rede sein, die Ausführung ist eine ganz andere, den veränderten Verhältnissen
angemessene, eigenthümliche, selbständige. Ausgezeichnet und
grossartig ist Geist, Anlage und Ausführung in beiden Dichtungen.

Für freie, eigene Schöpfungen des Nibelungendichters —
denn der Sage haben sie als integrierende Theile niemals ange-
hört — halte auch ich den Rüdeger von Bechlaren und den
Spielmann Volker, zwei Gestalten, so herrlich und schön, wie
sie nur jemals aus der Hand eines grossen Dichters hervorgegangen sind. Von Volker zumal glaube ich es bestimmt und
schliesse ich mich hierin zum Theil der zuerst von Holtzmann
ausgesprochenen Ansicht an, dass der Dichter in dem Spielmann

sich selbst habe schildern wollen [20]. Nur will ich, was Holtzmann
unterlassen hat, auch den Grund angeben, der dieser Vermuthung
in meinen Augen hohe Wahrscheinlichkeit verleiht.

In der ältesten Zeit, als die deutsche Dichtung noch in den
Händen des ganzen Volkes und aller Stände ruhte, war der
Stand der Sänger und Spielleute, welche die Kunst des Dichtens
und Singens als einen Beruf ausübten [21], ein hochangesehener,
ausgezeichneter, gleichsam geheiligter, und selbst Könige und
Fürsten hielten es nicht unter ihrer Würde, Lieder zur Harfe zu
singen. Später kam es anders. Schon seit der Karolingerzeit zogen
sich die höheren Stände, Adel und Fürsten, von der Pflege und
Ausübung der vaterländischen Poesie mehr und mehr zurück ; nur
die Buchgelehrten, die Geistlichen, dichteten noch, aber ihre
Poesie war fast ausschliesslich dem Dienste des Höchsten ge-
widmet und nur zu seinem Lobe durften Gesänge erschallen [22].
Die weltliche Dichtung dagegen, die Helden- und Sagendichtung,
gieng an die Bauern und das niedere Volk über, in deren Händen
sie wohl frisch und national blieb, aber zugleich, von der Theilnahme der gebildeten Welt verlassen, in's Rohe und Grobe ver-
fiel. Diese Volksdichtung und ihre Träger, die Fahrenden und
Spielleute, fanden von Seite des Adels gar keine Beachtung, die
Geistlichkeit verfolgte sie sogar mit offen ausgesprochener Ab-
neigung und Geringschätzung [23]. Der früher so geachtete Stand
der Sänger ward ein verachteter, und an den Spielleuten,
weil sie aus der Kunst ein Gewerbe machten und Gut um Ehre
nahmen (wie der mittelalterliche Ausdruck lautet), haftete der
Mackel, wenn nicht gerade der Ehrlosigkeit, doch der Unehren-
haftigkeit [24].

In dieser Lage befand sich die deutsche weltliche Poesie und
der Sängerstand zur Zeit, als der Kürnberger mit kühner Hand
die Schranken durchbrach, die den Adel von der Ausübung der
Dichtkunst ferne hielten, und zum ersten Male wieder seit Jahr-

hunderten ein Adellicher, ein Ritter, in die Saiten griff, um Lieder in der Muttersprache zum Preise der Geliebten, zum Ruhme des deutschen Volkes und Namens erklingen zu lassen.

Von diesem Gesichtspunkte aus betrachtet wird uns der Spielmann Volker in einem neuen, er wird uns jetzt erst in seinem wahren Lichte erscheinen. Um sich für seine dichterische Thätigkeit freien Raum zu schaffen, galt es verjährte Vorurtheile zu zerstören, den Bann der Missachtung, der auf der deutschnationalen Dichtung so lange geruht, zu lösen und Dichtung und Sänger in den Augen seiner Standesgenossen zu heben, gleichsam zu adeln. Er that dies, indem er eine Gestalt schuf und in sein Gedicht hinstellte, die in der Poesie aller Völker ihres gleichen nicht hat, den Spielmann Volker, der, an Adel der Geburt und der Gesinnung den Höchsten nahe stehend, zugleich ein Sänger und ein Held war. Welchen Erfolg dies Vorgehen des Kürnberger's hatte, ersehen wir daraus, dass die deutsche Ritterschaft bald nach ihm in immer wachsender Zahl zum Lied und epischen Gesang sich drängte und wie einst so auch jetzt wieder selbst Könige und Fürsten in den Dichterkreis eintraten.

Aber nicht durch diese Schöpfung allein hat er die deutsche Poesie geadelt, er hat ihr den Stempel einer weit höheren Weihe dadurch aufgedrückt, dass er sie, die unter der Pflege der Geistlichkeit bisher verkümmerte, im Munde des Volkes vergröberte, mit bewusster, überlegener Kraft zugleich zur Kunst erhob. Nicht zu jener überfeinerten, später durch Heinrich vom Veldeken aus Frankreich eingeführten Kunst des glatten Verses, reinen Reimes und der zierlich gedrechselten Redeweise, sondern zu derjenigen Kunst, die, ohne den Boden des Volksthümlichen zu verlassen, in einfacher, massvoller Form nach höheren Zielen strebt und durch Würde und Hoheit der Gesinnung, durch ernste Haltung, durch Kraft des Ausdrucks, durch Schönheit der Darstellung, Geist und Gemüth zu ergreifen, zu erschüttern, zu

veredeln sucht. In diesem Sinne ist der Kürnberger der
eigentliche Schöpfer der wahren, zugleich höfischen und volksmässigen Kunst.

Dass die Dichter der Nibelunge und auch der Gudrun, des
einzigen Gedichtes, das jenen ebenbürtig zur Seite steht,
keine Dichter aus dem Volke waren, dass beide Dichtungen
„in denselben Kreisen, wie Iwein und Parzival", die Nibelunge
zumal, „schon der Sprache wegen, in den edelsten Kreisen des
Landes entstanden sein müssen", ist eine selbst von den Anhängern der Liedertheorie zugegebene Thatsache [35]; bedarf es
doch nur eines Blickes auf die wirklich aus dem niedern Volke
hervorgegangenen Gedichte, des Rother, Morolt, Oswalt,
Orendel auf der einen, des Rosengarten, Ortnit, Wolfdietrich etc. auf der andern Seite, um sogleich zu erkennen, wie tief in künstlerischer Beziehung, in Ton, Haltung, Vers und Reim diese Denkmäler der Spielmannspoesie
unter jenen beiden Dichtungen stehen. Wie neben und mit diesem Bekenntniss die unaufgegebene Ansicht, die in dem Nibelungenliede ein blosses Zusammenfliessen einzelner Volkslieder
erblickt, dennoch bestehen kann, bleibt freilich unerforschlich ;
aber erwünscht ist, auch von dieser Seite bestätigt zu hören, dass
das Nibelungenlied kein aus dem Volk, sondern ein aus den
edelsten Kreisen der Gesellschaft hervorgegangenes, dass es also
auch kein Volksepos, was man sonst so zu nennen pflegt, sondern
ein Werk volksmässiger höfischer Kunst ist.

Entsprechend dem im Gedichte streng beobachteten Zurück-
treten seiner eigenen Person hat Dichter auch seinen Namen
verschwiegen, dessen Ermittlung uns nur auf dem Wege
strenger methodischer Untersuchung möglich wurde. Auch dieser
Vorgang ist nicht ohne Nachfolge geblieben; denn im directen
Gegensatze zu den höfischen Romandichtern, die nur selten
ihre Namen geheim halten, nennt uns kein einziges der vielen,

sei es strophischen, sei es unstrophischen Gedichte, in denen
einheimische Sagenstoffe behandelt sind, den Namen des Ver-
fassers, auch jene nicht, deren einheitliche Entstehung unbestritten ist. So tiefe Spuren hat der massgebende Vorgang
unseres grossen Dichters überall zurückgelassen!

Wir sind am Schlusse angelangt. Werfen wir auf den Gang
unserer Untersuchung noch einen Blick zurück, und fassen die
einzelnen Momente derselben in ein paar Sätze zusammen, so
ergibt sich Folgendes.

Die Nibelungenstrophe ist nicht das Product des schaffenden
Volksgeistes, ist kein Nationaleigenthum, sondern das Kunstwerk
einer bestimmten Person. Der Erfinder der Strophe ist auch der
Dichter des Liedes. Dieser ist der Kürnberger, dessen Heimat
Oberösterreich, dessen Hauptquelle ein lateinisches Buch war.
Der Kürnberger ist wie der älteste lyrische, so auch der erste
höfische Dichter adellichen Standes, er ist der Schöpfer des volksmässigen strophischen Epos und zugleich der grösste epische
Dichter unseres Volkes. Sein Werk ist die erste herrliche Frucht
der Betheiligung des Ritterstandes an der Poesie. Von ihm hat
die nationale Epik für alle Zukunft Form und Gehalt, Richtung
und Ziel empfangen.

Mit gerechtem Stolze darf Österreich auf diesen seinen Sohn,
mit Hochgefühl auf die ganze Stellung überhaupt zurückblicken,
die Land und Volk während des Mittelalters in der Geschichte der
deutschen Literatur einnahmen. Von hier ist im 11. Jahrhundert
die Wiedererweckung des geistlichen, von hier im 12. das weltliche,
volksmässige Epos ausgegangen und hier hat es seine reichsten
und schönsten Blüten getrieben. Hier auch ist die Wiege und Heimat
der neuen poetischen Kunstgattung, der Lyrik und ihrer verschiedenen Abzweigungen. Darum galt im 12. und 13. Jahrhundert Österreich als die hohe Schule des Gesanges, auf welche zur
künstlerischen Ausbildung im Singen und Sagen Mitteldeutschland

und die Rheinlande ihre besten Talente schickten. Nicht genug
damit: die Bildung der mittelhochdeutschen s. g. höfischen
Sprache ist nicht Schwabens, wie man so lange geglaubt, son-
der ebenfalls und vorzugsweise Österreichs Werk[18]; und auch die
nhd. Schriftsprache hat Deutschland beim Beginne der Refor-
mation durch Vermittelung der kais. Kanzlei von Österreich empfangen: ist doch unsere heutige Schriftsprache ihrem eigent-
lichsten Wesen nach nichts anderes als die Mundart, wie sie
von der Mitte des 13. Jahrhunderts an in den österreichischen
Landen sich gebildet und entwickelt hatte.

Was aber diesen ungemeinen Verdiensten um die vaterlän-
dische Literatur erst den vollen wahren Werth verleiht, besteht
darin, dass diese Poesie stets volksthümlich, dass sie in Form
und Inhalt deutsch und national war, und dass keine Wandelun-
gen der Zeit und des Geschmackes sie dieses Charakters zu ent-
kleiden vermocht haben. Von den Einflüssen der romanischen
Lyrik, die in den Liedern der rheinischen, mitteldeutschen und
schwäbischen Sänger so sichtbar hervortreten, blieb die oster-
ländische Liederdichtung vollkommen unberührt; und eben so
wenig haben die aus Frankreich eingeführten epischen Stoffe,
jene faden Erzeugnisse einer matten, krankhaften Einbildungs-
kraft, ich meine die zugleich zucht- und poesielosen Artusromane,
die im südwestlichen und mittleren Deutschland so üppig in's
Rohr schossen und rasch die Poesie überwucherten und erstickten,
in Österreich jemals eigentliche Wurzel gefasst: sie fanden kaum
vorübergehende Aufmerksamkeit, während die Liebe zu den
einheimischen Sagenstoffen bis zu Ende des 15. Jahrhunderts
fort und fort in ungeschwächter Kraft lebendig blieb. So tief und
stark waltete im österreichischen Volke deutscher Sinn und Geist.

Mit dem Beginne der neuen Zeit hörte allerdings, zum
eigenen und zu Deutschlands unersetzlichem Nachtheil, diese
geistige und literarische Regsamkeit fast ganz auf und nur höchst

untergeordnet ist der Antheil, den Österreich an der Literatur des 16. und 17. und an dem neuen Aufschwung der deutschen Poesie im vorigen Jahrhundert genommen hat. Die Gründe dieser Unthätigkeit zu bezeichnen ist hier weder der Ort, noch ist es nöthig: kennen wir sie doch alle nur zu genau. Gleichwohl ist aus dieser langen trüben Zeit, was einst in diesen Landen so Grosses und Herrliches vollbracht, unversehrt hervorgegangen : die frische, treibende, schaffende Volkskraft, die deutsche Denkart und Gesinnung. Beide sind ungebrochen und unverloren, und mit ihrer Hülfe wird — nicht als Hoffnung, sondern als freudige Zuversicht spreche ich es aus, — mit ihrer Hülfe wird Österreich, entsprechend seiner ruhmvollen Vergangenheit, auch im Gebiete der Nationalliteratur die Versäumnisse dreier Jahrhunderte über kurz oder lang im Sturme einbringen.

ANMERKUNGEN.

¹) „Wenn der Verfasser unseres Liedes gefunden werden kann, so wird dies wohl nur durch die Form ermöglicht sein. Es wird zu untersuchen sein, wo und wann die Nibelungenstrophe aufkam und von welchem Sänger sie ausgebildet und gebraucht wurde. Könnten wir einen Dichter ausfindig machen, der um 1200 die Nibelungenstrophe kannte, und käme dazu Übereinstimmung im Reim und in der Sprache, so würde die Wahrscheinlichkeit gross sein, dass wir den Verfasser des Liedes getroffen haben. Ich kenne aber keinen solchen Dichter": Holtzmanns Untersuchungen über das Nibelungenlied. Stuttg. 1854, S. 185. 186. Wie man sieht hat Holtzmann die Wichtigkeit der Formfrage vollkommen erkannt, und nur einen Schritt noch durfte er vorwärts machen, um zur richtigen Lösung zu gelangen. Daran hat ihn aber seine Voreingenommenheit für den Meister Konrad verhindert.

²) Durch einige scheinbare Ausnahmen darf man sich nicht täuschen lassen. Zu Walther 91, 17 ff. hat Lachmann bemerkt, dass dasselbe Versmass in einem Liede Reinmars wiederkehre, und zu MSF. 177, 10 verweist Haupt auf diese Bemerkung zurück. Aber es ist unsicher, welchem von beiden diese Lieder gehören. *Junger man, wie höhes muotes* Walther 91, 17 ff. steht nur in C, mitten unter Liedern, die keine Hs. sonst dem Walther zuschreibt, vergl. Lachmann zu 90, 15. Das Reinmarische ist dreimal überliefert: in C mit seinem Namen, in b (Anhang von B) ohne Namen zwar, aber unter andern unzweifelhaft Reinmarischen Liedern, und in M (nur die erste Strophe ohne Namen). Hier ist die Verfasserschaft Reinmars besser bezeugt als dort diejenige Walthers; man wird daher kaum irre gehen, wenn man Reinmarn beide Lieder zuweist. Noch ein Beispiel. S. 47, 16 ff. hat Lachmann eine Strophe aufgenommen, die in BC Walthern, in A Reinmarn beigelegt ist. Eine in demselben Tone gedichtete, in der IIs. des Heidelberger Freidank namenlos überlieferte Strophe wurde als unwaltherisch (wohl wegen des Versschlusses *die suoch ich*) in die Lesarten verwiesen. Beide Strophen gehören aber gewiss éinem Verfasser, der jedoch weder Walther noch Reinmar ist: keiner von beiden hat jemals in dieser überkünstelten Weise gesungen. Sonst hat man, und mit Recht, in zahlreichen Fällen keinen Anstand genommen, einzelne Strophen desselben Tones, die unter verschiedenen Namen oder namenlos überliefert sind, unter demjenigen zu vereinigen, der am besten bezeugt ist. Man vergl. MSF. 84, 37. 85, 31. 104, 24. 33. 105, 3. 33 u. s. w. Dass der schöne Nachruf an Walther 108, 6 vom Truchsessen von St. Gallen herrührt, wäre, da er in seinem Tone ist, auch ohne ausdrückliche Bestätigung zweifellos, und der vorsichtige Ausdruck (zu Walther 106, 17) „vielleicht richtig", war diesmal nicht am Platze.

Etwas ganz anderes ist es, wenn, wie nicht selten, Lieder oder Sprüche eines Andern parodiert oder verspottet werden; in solchen Fällen ist es nicht nur erlaubt, es ist nothwendig, dass dazu dieselbe Strophenform gewählt wird, damit man weiss, auf wen der Spott gemünzt ist. Dieser Art ist die Parodie des Waltherirchen Spruches 28, 1 vom Truchsessen von St. Gallen: *der welte vogt, des himels künec, ich lob iuch gerne,* und die Verspottung und Abweisung zweier Strophen Reinmars (MSF. 159, 1, 37) durch Walther 111, 22. 32. Derselbe Fall liegt vor in den Nachahmungen des Waltherischen Reimspieles mit den fünf Vocalen 75, 25 ff. durch den von Singenberg (MSH. 1, 298 b) und Rudolf den Schreiber (ebd. 2, 264 ab). Gegen Ende des 13. Jahrhunderts beginnen dann wie in der Epik wirkliche Entlehnungen von Tonweisen älterer Dichter Platz zu greifen, z. B. vom Schulmeister von Esslingen (vgl. Lachmann zu Walther 27, 17) und Andorn.

³) Wackernagels Handbuch der deutschen Lit.-Gesch. S. 132. Altfranz. Lieder und Leiche. S. 212. 214.

⁴) Holtzmann, Untersuchungen S. 77 ff. Simrock, die Nibelungenstrophe und ihr Ursprung. Bonn. 1858. Jac. Grimm, lat. Gedichte des 10. und 11. Jahrhunderts. S. XXXVIII ff.

⁵) Das sporadische Vorkommen von bloss siebenmal gehobenen Langzeilen in den alliterienden althochdeutschen Gedichten ist ebenso als unbeweisende Ausnahme zu betrachten, als das noch weit seltenere Erscheinen von acht Hebungen statt der regelmässigen sieben im Nibelungenliede. Ausnahmen helfen bekanntlich nur die Regel bestätigen.

⁶) Indem der letzte Halbvers nach und nach eine Hebung einbüsste und die vierte Langzeile im Masse den drei ersten gleich ward. Diese so veränderte Strophe nannte man später den Hildebrandston. Er ist in allen den jüngern Gedichten der vorherrschende.

⁷) Zwar behauptet K. Müllenhoff (zur Geschichte der Nibelunge Not. Braunschweig 1855, S. 10): „der Ortnit sei nach bestimmten Daten nach 1221 und vor 1229, wahrscheinlich im J. 1226 gedichtet". Da indess diese „bestimmten Daten" ein Ausfluss der grossartigen Verwirrung sind, die Haupt in Bezug auf Alter und Verfasser des Eckenliedes, Sigenots und Goldemars angerichtet hat (Zeitschrift 6, 526 ff.), und sich vornehmlich auf die Annahme gründen, dass das in Lassbergs Hs. erhaltene Eckenlied Albrechts von Kemenat (Rudolf von Ems nennt bekanntlich den Heinrich von Leinau als Verfasser) ursprüngliches Werk sei, so zerfallen sie sofort in Nichts, wenn jene Annahme widerlegt und dargethan wird, dass, wie der Sigenot und Goldemar, so auch das Eckenlied nur spätere bänkelsängerische Umarbeitungen älterer Gedichte sind. Diesen Beweis hat L. Uhland Germania 1, 324 ff. geführt: das Eckenlied, das wir kennen, fällt höchstens in das letzte Viertel des 13. Jahrhunderts. Älter kann auch der Ortnit nicht sein. Auch Lachmann ist dieser Ansicht, indem er (über Singen und Sagen S. 112) den Ortnit zu den „späteren Gedichten (Wolfdietrich, Rosengarten u. s. w.) rechnet, deren einige noch in das 13. Jahrhundert zu fallen scheinen". Ebenso W. Wackernagel, der Ecken Ausfahrt, den grossen Rosengarten und Ortnit im Lesebuch auf die Grenzscheide des 13. und 14. Jahrhunderts, nach Ottokar, setzt (vgl. dessen Lit.-Geschichte S. 212).

Höher hinauf sind, nach der übereinstimmenden Ansicht W. Grimms, Lachmanns, W. Wackernagels und Anderer, auch die übrigen vorn genannten Gedichte nicht zu rücken. Was Alpharts Tod betrifft, so bedarf es nur einer oberflächlichen Betrachtung von Vers und Reim, um sogleich zu erkennen, dass das Gedicht in der vorliegenden Gestalt nicht vor dem 14. Jahrhundert kann entstanden sein: armseliger, roher, unkünstlerischer in den Reimen ist wohl kaum ein anderes unserer volksmässigen Epen. Die Reimbindungen von a : e sind unzählbar: 6, 7, 17, 20, 21, 24, 28, 29, 35, 36, 45, 55, 67, 70, 81. 85, 105, 120, 125, 126, 127, 129, 130, 132, 135, 146, 147, 159, 178, 192, 215, 245, 247, 249, 257, 264 u. s. f. Auch *m:n* findet sich überaus häufig: 3, 4, 38, 40, 170, 177, 178, 199, 200, 208, 253, 265, 268, 271, 285, 299, 330; und bis zum Überdruss wird der Reim *lobesan (man : dan : getdn* u. s. w.) wiederholt: 11, 18, 40, 48, 103, 137, 141, 166, 204, 311, 459, 465, 466 u. s. f. Daneben *hér:sper* 151, unerlaubte rührende Reime *hân:hân* 23, 162, Kürzungen: *in dem strit(e):sit* 33. *Alphart*: *wart(e)* 87, 97, 102, 144, 204, 250, 259, *Denemark(e)*: *stark* 356, 434, 448, *êr(e)*: *mêr* 62, *mær(e)*: *lær(e)* 66, *Bern(e)* : *ungern(e)* 145, *ßéhn* : *léhn* 65; die Adverbia auf *lîch* 2, 382, 384, 386, 404, 406, 423. Bei solchen Reimen bleibt es sehr zweifelhaft ob man Reimbindungen wie *b:g, t:p:c, g:d* als alterthümliche, aus dem alten Gedichte herüber genommene Freiheiten, oder als spätere Rohheit zu betrachten hat: *wip:zit* 90, *riet* : *liep* 78, *erslagen* : *schaden* 256, *laden* : *tragen* 385, *want* : *erklane* 241, *guot* : *ersluoc* 293, *Ekart* : *Tenemark* 334, *gesagen: erhaben* 13 und die sehr häufigen: *degen: geben* 35, 40, 48, 59, 60, 68, 80, 86, 92, 119, 146, 153, 203, 207, 218, 227, 230, 236, 252, 266, 267, 269, 279, 283, 305, 315, 351, 374, 421, 422, 439: *eben* 372: *eber* 393. Nur Ein Reim muss aus dem alten Gedichte, das uns hier in einer späten rohen Umarbeitung vorliegt (*Heime alsô von Berne mit der botschaft schiet, als uns saget das diutsche buoch, und ist ein altes liet* 45), stehen geblieben sein, nämlich 454: *dô sagte man Rinolden dâ die mœrt, wie Sibích unde Ermenrich entrunnen wœrn.* Das ist ein wirklich alter, den oben 8. 20 besprochenen Nibelungenversen entsprechender Reim. Wäre, was jedoch unerweislich, das *alte liet* in der Nibelungenstrophe gedichtet gewesen, so würden wir ein zweites Epos des Kürnbergers zu verzeichnen haben. Der ursprüngliche Geist und Ton ist aber aus der Umarbeitung, in der nicht die äussere Form allein Noth gelitten, kaum mehr zu erkennen, und es ist unbegreiflich, wie Lachmann (über Singen und Sagen S. 111) das in so entstellter Form überlieferte Gedicht „den ausgebildeteren Darstellungen deutscher Sagen in strophischer Form, den Nibelungen und der Kudrun", hat zur Seite stellen können. W. Grimm, der in Beurtheilung dichterischen Werthes von keinem übertroffen ist, hat, was „Stil, Darstellungsweise und poetisches Gefühl angeht", den Alphart in eine Reihe mit Ortnit, Wolfdietrich, Rosengarten, und alle zusammen „nicht eine, sondern mehrere Stufen tiefer" als das Nibelungenlied gestellt (*Heldensage* S. 371).

8) Dieser Ansicht ist auch W. Wackernagel: „Kürnberg, dessen Lieder das älteste Zeugniss dieses Maases (des Nibelungenverses) sind, der es sogar mag erfunden haben: er bezeichnet es wenigstens, indem er es *Kürenberges wîse* nennt, als sein Eigenthum": altfranz. Lieder S. 214; „der Kürnberger vielleicht sogar der Erfinder dieser Strophenform": Litt.-Gesch. S. 132. Anmerkung 11.

9) Vergl. Bartsch: der Strophenbau in der deutschen Lyrik: Germania 2, 257 ff.

10) Man wird mir nicht die Zeilen in Walthers Leich 4, 2—12 entgegen halten wollen, denn sie sind nicht in der strengen Kürnbergerweise, sondern im Hildebrandstone gedichtet: sämmtliche sechs Langzeilen sind nur siebenmal, keine davon, weder die vierte noch die sechste, achtmal gehoben (vergl. Germania 6, 194).

11) Nach Dietmar und vor Heinrich vom Veldeken gehören, ausser Meinloh von Sevelingen, dem Markgrafen von Regensburg (und Rietenburg) und Friedrich von Hausen, noch Ulrich von Gutenburg (vergl. *singen : bringen : rinden* MSF.

78, 4. *lâzen* : *wâfen* : *entslâfen* 78, 6. *gesanc* : *gedanc* : *underwant* 78, 16. *belîben*·
vertrîben : *vermîden* 78, 24. *vermîden* : *lîden* : *belîben* 78, 33. *gunder*: *besundert*:
kumber 79, 6), Graf Rudolf von Fenis (vergl. *stiget* : *belîbet* : *tribet* 80, 5. *hâte* :
brâhte : *dâhten* 80, 13. *tragen* : *entsagen* : *geladen* 81, 33. *erkennet* : *verbrennet*:
verwendet 82, 19, Albrecht von Johansdorf (vergl. *gemüete* : *wüetet* 92, 15. *gimme* :
minne : *küniginne* 93, 4 und Heinrich von Rucke. Bei diesem fallen, wie bei
Ulrich von Gutenburg, bloss die Lieder vor Veldeken, die rein gereimten Leiche
dagegen später, vergl. Germania 3, 506 und 7, 101, wo ich den Heinrich von
Rucke in einer zwischen 1175 und 1178 ausgestellten Urkunde nachgewiesen habe.

[12]) Ich kenne bloss zwei Beispiele, die hievon eine scheinbare Ausnahme
machen. Das Lied vom Büttner bei Gottfried von Neifen (ed. Haupt S. 44), wo
eine Strophe also lautet:

> Dô sprach der wirt mære
> zuozim waz er kundê.
> „ich bin ein büttenœre:
> swer mir des gundê,
> sin vaz ich im bundê.“

Es ist aber dies und das unmittelbar darauf folgende unvollständige: *von
Walhen fuor ein pilgerin,* so wenig in der Weise Gottfrieds, dass es nur der Zufall
unter dessen Lieder gebracht haben kann. Es ist ein schon während des Mittelalters und heute noch umgehendes Zotenlied (s. Mannhardt in Wolfs Zeitschrift
für d. Mythologie 3, 86 ff.) offenbar ein Product der Vagantenpoesie, das leicht
noch in die Zeit Dietmars zurück reicht, und höchstens, vielleicht durch
Gottfried selbst (und dies würde die Aufnahme unter seine Lieder erklären) etwas
umgereimt wurde. Reste eines gleich alten Tanzliedes scheinen auch die vier
Strophen zu sein, die im 14. Jahrhundert zu einem dem Neidhard untergescho-
benen Wechsel sind ausgesponnen worden. (Hagens MS. 3, 217 a):

> 'Tohter, spinn den rocken
> und lâz din resên
> und nim den sumerlocken
> gein disem meiên u. s. w.

[13]) „Weiter als 1170 gehen die Namen der Liederdichter nicht zurück. Älter
sind Kürnberg und der Burggraf von Regensburg nicht“ (zu Walther 82, 24).
Dabei wird auf die Anmerkungen zu den Nibelungen Seite 5 hingewiesen, als
finde sich dort die Begründung. Allein bewiesen ist dort nichts: „Ein Rest älterer
Verskunst, die den klingenden Reim nicht kannte, und wenigstens zur Hälfte den
höfischen Dichtern fremd (was heisst das?) sind die nicht ganz seltenen Reime, in
denen eine unbetonte Endsilbe zur Hebung erhöht wird. Aber nirgend ist zu der
Vermuthung Raum, dass etwa ungenaue Reime von der Art des 12. Jahrhunderts
bei fernerer Überarbeitung verbessert sein möchten, und überall sind sie weit
entfernt von der Freiheit der Volkslieder, die uns unter Kürnbergs Namen überliefert sind. Gleichwohl werden diese schwerlich zwanzig Jahre vor 1190 gesungen
sein: sonst würden wir doch wohl mehr Spuren von ältern Versen zu drei
Hebungen finden“. Wie man sieht, besteht der ganze Beweis in einem „schwerlich“ und „doch wohl“.

[14]) Dahin gehören auch Reime, wie *Hagene* : *degene* : *habene* : *sesamene*:
gademe 1737. 2012. 2032. 2077. *degen* : *leben* 780 kann dagegen eben so gut dem
Umdichter als dem Kürnberger angehören. Ähnliche Reimbindungen sind

selbst bei höfischen Dichtern nicht unerhört, besonders bei Wolfram, der sich hierin freilich weit mehr als irgend ein Anderer erlaubt hat. Z. B. Künec: frümec Wilh. 46, 5. Wigalois 13, 40. getennet : gekemmet Parz. 73, 5. selbe : velde ebd. 93, 23. ougen : rouben 10, 15. gelouben : gelougen 417, 21. gäbe : mäge 53, 29. swiger : nider Wilhelm 143, 11. u. s. w. Manches ist mundartlich, z. B. sun : tuon findet sich fast bei allen baierisch-österreichischen Dichtern; a=o in gewarn : varn 455. 2207. gehört ebenfalls dieser Mundart an. Anderes beruht auf fehlerhafter Überlieferung, z. B. statt sint : künigin 458 ist sin : künigin zu lesen. Noch in den Untersuchungen S. 63 hat Holtzmann Manches als angebliche freie Reime angeführt, was er dann später in seiner Ausgabe selbst als Fehler erkannt und berichtigt hat, z. B. Sigemunt : sâ sehant (l. stunt) 716. stât (l. tuot): muot 827. sd (l. sân): lân 1119.

[15]) Worte Uhlands.

[16]) Bernhardy, Grundriss der griechischen Literatur I (3. Bearb.), 381. II (2. Bearb.) 2, 580 ff.

[17]) Vgl. Germania 2, 492. 493.

[18]) „Qui Regimarus tertius post Altmannum episcopus, vir admodum in saecularibus peritus, sed in spiritualibus minus eruditus, terrenis inhians, pecuniam undecunque congregans": vita Altmanni, Pez Script. rer. austr. 1, 131. Anderwärts, in Passauer und Melker Annalen, wird er „ecclesiae dei molestus et amarus", und „destructor ecclesiae" genannt: Pez, ebd. S. 230. 1307.

[19]) Alex. Erhard, Geschichte der Stadt Passau. 1862. S. 66.

[20]) So der Erzbischof Siegfried von Mainz, von dem Probst Hermann von Bamberg im J. 1061 schreibt: „nulla ibi gravitas, nulla disciplina. Et o miseram et miserandam episcopi vitam, o mores! Nunquam ille Augustinum, nunquam ille Gregorium recolit, semper ille Attilam, semper Amalungum et cetera id genus portenta tractat". Diese Stelle aus Sudendorffs registrum 2, 9. hat Holtzmann schon in seiner Schulausgabe des Nibelungenliedes. Stuttg. 1858, S. VIII mitgetheilt.

[21]) Ein gereimter Attila war in der Passauer bischöflichen Bibliothek noch um die Mitte des 13. Jahrhunderts vorhanden. In einem unter Bischof Otto von Lonsdorf im J. 1254 verfassten Bücherkatalog steht: „item Attilam versifice:" Monumenta boica XXVIII, 2, 487. Vgl. Spaun, Heinrich von Ofterdingen. S. 64. 65.

[22]) Die betreffenden Stellen der Klage (ed. Holtzmann. Stuttg. 1859) lauten:

Disse vil alte mære
het ein schribære
wilen an ein buoch geschriben
latine, dem ist ez niht beliben,
ez ensi ouch dâ von noch bekant,
wie die von Burgonden lant
mit freude in ir gesiten
in manigen landen witen
ze grôzem prise mohten komen u. s. w. 17 — 25.

V. 3595 — 3617 lässt der Dichter den Bischof Pilgerin zum Spielmann Schwämmel sagen:

„Swämmil, lobe an mine hant.
so du wider ritest durch diu lant,

sô kére, friunt, her ze mir.
daz diene ich immer hin ze dir.
éz ensol niht sô beliben,
ich wils alles lâzen schriben,
die stürme und der recken nôt
unt wie si sîn beliben tôt
wie ez sich huop unt wie ez quam
unt wie ez alles ende nam.
swaz du des wâren habest gesehen,
des soltu danne mir verjehen.
dar zuo sô wil ich vrâgen
von iegliches mâgen,
ez sî wîb oder man,
swer iht dervon gesagen kan.
dar umbe sende ich nu zehant
mine boten in Hiunen lant.
dâ vinde ich wol diu mære.
wand ez vil übel wære,
ob ez behalten würde niht:
ez ist diu græziste geschiht,
diu·zer werlde ie gescach."

Und am Schlusse V. 4441 ff.

Von Pazowe der bisschof Pilgerin
durch liebe der neven sin
hiez schriben disse mære,
wie ez ergangen wære,
in latinischen buochstaben,
obez iemn für lüge wolde haben,
daz er hie die wârheit funde
von der allerêrsten stunde,
wie ez sich huop unt mans began
unt wie ez ende gewan
umbe der guoten knehte nôt
unt wie si alle gelâgen tôt:
daz hiez er alles schriben.
ern liezez niht beliben:
wan im seite der videlære
diu kuntlichen mære,
wiez ergie unt ouch geschach,
wande erz alles an sach,
er unt manig ander man.
daz mære prüefen dô began
sin schriber, meister Kuonrât.
getihtet man ez sît hât
vil dicke in tiuscher zungen.
die alten mit den jungen
erkennent wol daz mære.

Dass „in lateinischen Buchstaben schreiben nicht so viel heisst als in lateinischer Sprache dichten" (Holtzmann, Schulausgabe des NL. S. IX) kann unbedingt zugegeben werden: schreiben heisst allerdings nicht dichten. Wohl ist die Ausdrucksweise *in latinischen buochstaben schriben* ungewöhnlich; gleichwohl kann über den Sinn dieser Redeweise kein Zweifel sein: wie sie zu verstehen ist ergibt sich aus den Eingangsversen: *disse vil alte mære het ein schribære wilen an ein buoch geschriben latine*, so deutlich und bündig, als man es nur verlangen kann, und es war nicht gut gethan, das metrisch unschwer in den Vers passende Wort *latine* gegen die Handschriften CDa zu streichen. Ebenso wenig als *schriben* hat der Ausdruck *prüeven* oder *briefen* die Bedeutung von *tihten*: *prüeven* heisst zurecht machen (vgl. Nib. 64: *wât prüeven* 353. 365: *kleit, gewant pr.*), *ein mære pr.* also: eine Erzählung redigieren; *briefen* aber bedeutet überall nur soviel als schreiben, niederschreiben, z. B. *dô si den marcgrâven tôten sâhen tragen, ein künde ein schribære geprieven (geschreiben a) noch gesagen die manigen ungebære* Nib. Lied 2292; vgl. mhd. WB. 1, 248.ᵈ Im vollen, nicht misszuverstehenden Gegensatz zu den Redensarten in *latinischen buochstaben schriben* und *das mære briefen* stehen zum Überfluss die Schlussworte *getihtet man es sit hât vil dicke in tiuscher zungen. sit,* seitdem, nachdem das lateinische Buch da war: = auf Grundlage dieses durch Anordnung Pilgerins von seinem Schreiber, Meister Konrad, lateinisch niedergeschriebenen Buches wurde das Mähre deutsch gedichtet. Dies ist die allein zulässige Erklärung.

²³) Gervinus, Geschichte der deutschen Dichtung. 4. Aufl. 1, 25 ff.

²⁴) Wilhelm Grimm, Einleitung zum Ruolandes Liet. S. XXXIV.

²⁵) J. W. Loebell, die Entwickelung der deutschen Poesie von Klopstocks erstem Auftreten bis zu Goethe's Tode. Braunschweig 1856. 1, 8.

²⁶) „Die Nibelung n in der Geschichte und Dichtung" in meiner Germania 6, 435—456. Thausing kommt auf historischem Wege, durch den Nachweis geschichtlicher Nachklänge und Abspiegelungen im deutschen Liede, zu dem mit unserer Untersuchung übereinstimmenden Ergebniss, dass die Entstehungszeit desselben in den Anfang des 12. Jahrhunderts fallen müsse. Vgl. auch Zarnckes Beiträge S. 194.

²⁷) Lachmann, in seiner Abhandlung „über das Hildebrandslied" (Abhandlungen der k. Akademie der Wissenschaften. Aus dem Jahre 1833. S. 124), deren Einleitung offenbar nur zu dem Zwecke geschrieben wurde, um seine Nibelungentheorie zu stützen. Auf die Reihe theils geradezu falscher, theils nur halbwahrer oder schielender Behauptungen, wodurch sich diese Einleitung auszeichnet, werde ich bei anderer Gelegenheit zurückkommen. -

²⁸) Jacob Grimm in den im Verein mit Schmeller herausgegebenen lat. Gedichte des 10. und 11. Jahrhunderts. Göttingen 1838, S. 99 ff.

²⁹) Diesen Schluss hat dann, recht zum Beweise seiner Bekanntschaft mit unserem Lied, der Dichter der Klage seinerseits wieder nachgeahmt: *disse liet heizet diu klage.*

³⁰) Untersuchungen S. 135. Schulausgabe des NL. S. XI.

³¹) W. Wackernagels Lit.-Gesch. S. 40. 41.

³²) Otfried z. B. hat ausgesprochener Massen sein grosses Gedicht zu dem Zwecke gedichtet, um den weltlichen Laiengesang zu verdrängen.

³³) Diese feindselige Gesinnung der Geistlichkeit gegen die deutsche volksmässige Poesie, gegen die *psalmos plebeios, cantica rustica, carmina secularia,*

48

die *türsenmœre*, wie man sie nannte, dauerte vom 8. bis zu Ende des 15. Jahrhunderts fort. Vgl. Wackernagel Lit.-Gesch. S. 38 ff., 75 ff. Megenberg XXXIX. S. 741. Zeit chrift 12, 374.

84) Vgl. Wackernagel, Lit -Gesch. S. 102—104.

85) K. Müllenhoff, zur Geschichte der Nibelunge Not. S. 17. 18. Schon vorher sagt er an verschiedenen Stellen fast dasselbe. S. 12. „daraus darf man schliessen, dass die Dichter der Ältern Zeit eben den Ständen angehörten, wie nachmals die mhd. höfischen Dichter", und S. 13 „hier wie dort aber werden wir die edlern Pfleger der alten Kunst über den Spielleuten nur in den Kreisen suchen können, denen die neuen höfischen Dichter angehörten". Ein solches Zugeständniss würde Lachmann niemals gemacht haben. Wie genau er die Gefahr kannte, die seiner Liedertheorie daraus erwachsen könnte, geht deutlich aus einer seiner Äusserungen (über Singen und Sagen, S. 114) hervor: „Sollen wir vielleicht sagen, die fahrenden Leute sangen freilich epische Lieder, aber das Gedicht von den Nibelungen, Alpharts Tod, Kudrun, gehören der höfischen Poesie an? So würde doch wenigstens die Meinung von der Einheit des Dichters der Nibelungenoth etwas scheinbarer unterstützt, als ihre Vertheidiger es für nöthig gehalten haben". Das heisst doch so viel als: könnte dargethan werden (und manches spricht dafür), dass die genannten, auf einer höheren Stufe der Kunst stehenden ungesungenen Gedichte in höfischen Kreisen, durch adelliche Dichter, entstanden sind, so wäre die behauptete Entstehung des Nibelungenliedes aus einzelnen Volksliedern erschüttert, dann könnte von Volksdichtern kaum mehr die Rede und das Lied nicht das Werk einer Anzahl fahrender Leute, sondern nur Eines und zwar adellichen Dichters Werk sein. Natürlich ist Lachmann weit entfernt, die von ihm aufgeworfene Frage zu bejahen, er findet vielmehr, dass „jene Werke deutlich den Stempel der Volkspoesie tragen" und nimmt bei den „fahrenden Leuten jener Zeit in dem Vortrage der erzählenden Gedichte eine der höfischen Bildung entsprechende Veränderung an", d. h. er setzt voraus: dass die Volkspoesie durch die höfische auf dieselbe Höhe der Kunst sei erhoben worden. Bewiesen hat er das freilich nicht, auch nicht einmal wahrscheinlich zu machen vermocht; aber so gross ist die Macht der Wahrheit, dass die Schüler nun zuzugeben genöthigt sind, was ihr Meister aufs Nachdrücklichste geläugnet hat. Dies Zugeständniss ist aber nichts anderes als ein Preisgeben des Hauptfundamentes, auf dem die Liedertheorie beruht.

86) Vgl. meine Abhandlung „über Wesen und Bildung der höfischen Sprache in mittelhochdeutscher Zeit" in den Sitzungsberichten der kais. Akademie der Wissenschaften. Philosophisch-historische Classe (1861) Bd. 37, 263 ff.